Ingrid Ahrendt-Schulte

# Weise Frauen – böse Weiber

# HERDER / SPEKTRUM

Band 4336

Das Buch

Es waren vor allem Frauen, die in der Frühen Neuzeit als
schadenstiftende Teufelsanhängerinnen in Hexenprozessen angeklagt, gefoltert und verbrannt wurden. Stimmen
aber die tradierten Bilder und Vorstellungen über die Hexen
und Zauberinnen mit der konkreten Lebenswirklichkeit
der verfolgten Frauen in der Frühen Neuzeit überein? Was
ist Phantasieprodukt, was bloße Projektion ihrer und auch
unserer Zeit? Dieses Buch schließt eine Forschungslücke.
Vor dem uns heute fremd erscheinenden magischen Welt-
und Wirklichkeitsverständnis der frühneuzeitlichen Gesellschaft stellt Ahrendt-Schulte in ihrem fesselnd und all-
gemeinverständlich geschriebenen Buch den besonderen
Frauenbezug der Hexenverfolgung heraus, zeichnet die
Lebensumstände jener Frauen farbig und anschaulich
nach, die für Hexen gehalten wurden. Sie wertet die Prozeßakten aus, läßt konkrete Schicksale lebendig werden
und hinterfragt alte und neue Mythen über die Hexen: das
Bild der Hexe als Opfer sexueller Phantasien zölibatärer
Geistlicher, das Bild der weisen Frau, die aufgrund ihres
Geheimwissens im Bereich Medizin und Geburtenkon-
trolle verfolgt wurde etc. In ihrer Darstellung räumt die
Autorin anhand profunder Recherchen mit zählebigen Kli-
schees über Hexen auf und zeigt, wie Frauen zu Hexen
„gemacht" wurden. Für alle an Geschichte Interessierten:
konkret, wissenschaftlich fundiert, ein klärender Blick auf
die Schattenseiten unserer Kultur und ein wesentlicher
Beitrag zur Sozialgeschichte der Frauen.

Die Autorin

Ingrid Ahrendt-Schulte, geb. 1942, Historikerin. Zahlreiche
Fachpublikationen zur Sozialgeschichte von Frauen. Frau
Ahrendt-Schulte ist Lehrbeauftragte an der Universität
Kassel und lebt in Köln.

Ingrid Ahrendt-Schulte

# Weise Frauen – böse Weiber

## Die Geschichte der Hexen in der Frühen Neuzeit

Herder

Freiburg · Basel · Wien

Gedruckt auf umweltfreundlichem,
chlorfrei gebleichtem Papier

2. Auflage

Originalausgabe

# Inhalt

# I.

## Einleitung

Als italienische Feministinnen in den siebziger Jahren
mit dem Ausruf „Zittert, zittert, die Hexen sind zurückgekehrt" in Rom gegen das Abtreibungsverbot demon-
strierten, stellten sie sich in die Tradition der Frauen, die
in der Frühen Neuzeit als schadenstiftende Zauberinnen, Verbündete des Teufels und Verschwörerinnen gegen die christliche Gemeinschaft gerichtlich verfolgt
worden waren. Indem die Demonstrantinnen sich mit
diesen Frauen identifizierten, sie symbolisch wiederkeh-
ren und Rache schwören ließen, bedienten sie sich eines
Mittels, das typisch für den Umgang mit dem Thema
„Hexen" war. Sie produzierten ein neues Hexenbild, das
Realität und Phantasie vermischte und setzten es als Instrument im politischen Kampf ein. In der Geschichte
der Hexenverfolgung spielen Bilder, die zu Abbildern von
Wirklichkeit erklärt wurden, eine entscheidende Rolle.
Auch die heute verbreite Meinung über „die Hexen" ist
durch alte und neue Bilder maßgeblich geprägt.

Als rebellische, unangepaßte Außenseiterinnen und als
weise Frauen wurden Hexen von der neuen Frauenbewegung bei Demonstrationen in den Blickpunkt des öffentlichen Interesses gerückt. Neu daran war, daß Frauen
sich selbst zu Hexen erklärten und damit einem negativen, diffamierenden Frauenbild eine positive Bedeutung
gaben. Aus den ehemals bösen rachsüchtigen Weibern,
vor denen Juristen und Theologen zur Zeit der Hexenver-

folgung gewarnt hatten, wurden rebellische, gegen Männerherrschaft und männliche Normen aufbegehrende Frauen, Identifikationsfiguren für Frauen, die sich aus alten Strukturen zu befreien versuchten und Leitbilder im Kampf gegen Unterdrückung und Diskriminierung. Diese Hexenbilder entstanden als Ausdruck eines neuen Selbstverständnisses heutiger Frauen und sind als solche zu verstehen. Sie entsprechen damit ebensowenig der Lebenswirklichkeit von Frauen, die in der Frühen Neuzeit als Hexen verfolgt wurden, wie die diffamierenden Bilder, die ihre Zeitgenossen auf sie projizierten.

Die Hexenbilder der neuen Frauenbewegung entstanden im Kampf gegen die strafrechtliche Verfolgung von Abtreibung, in der Frauen die Fortsetzung der Hexenverfolgung, ein Instrument der Unterdrückung und Disziplinierung von Frauen, sahen. Damit präsentierten sie die Hexen als Frauen, die wegen ihres Abtreibungs- und Verhütungswissens verfolgt worden seien. Hinter dem Bild der bösen Frauen wurden die weisen Frauen entdeckt, die selbstbestimmt, unabhängig von Männern, im Einklang mit der Natur gelebt hätten. Die Hexen, die über Heilwissen, Wissen um die Geheimnisse der Natur, der Pflanzen und Kräuter verfügten, die Priesterinnen eines alten vorchristlichen Fruchtbarkeitskultes und Hüterinnen einer matriarchalen Tradition waren, wurden freilich nicht erst von der Frauenbewegung entdeckt. Diese Vorstellungen gehen auf das 19. Jahrhundert zurück.

Der französische Historiker Jules Michelet hatte in der Hexe die „Ärztin des Volkes" gesehen. Romantiker, die aus einem Interesse am Mittelalter und an germanischer Tradition „Volksgut" wie Märchen, Sagen und Mythen sammelten, entdeckten nicht nur die Märchenhexe, sondern sahen auch im Hexenwesen ein Überbleibsel einer vorchristlichen Fruchtbarkeits-Religion. Jacob Grimm schrieb in seiner Deutschen Mythologie: „Die Hexen gehören zum Gefolge ehemaliger Göttinnen, die von ihrem Stuhl gestürzt, aus gütigen angebeteten Wesen in feindliche, gefürchtete verwandelt, unstet bei nächtlicher Weile umherirren und statt der alten feierlichen Umzüge nur heimliche verbotene Zusammenkünfte mit ihren Anhängern unterhalten."

Auch in dieser Beschreibung werden Fakten und Phantasien vermischt. Aus der historisch korrekten Tatsache, daß die Kirche in ihrem Vorgehen gegen „Aberglauben" und „Heidentum" überlieferte Gebräuche als Teufelswerk verbot, entstand die These, die Hexen seien deshalb verfolgt worden, weil sie Anhängerinnen einer Religion waren, die im Untergrund fortbestand.

Die Wiederentdeckung der Hexe als weise Heilerin regte Feministinnen zu neuen Deutungen der Hexenverfolgung an. Durch Verknüpfung mit aktuellen Erfahrungen entstanden die Thesen, Hexenverfolgung sei eine Kampagne der „neuen europäischen Ärzteschaft gegen die Heilpraktikerinnen" gewesen oder eine Maßnahme des Staates gegen die Hebammen als Inhaberinnen des Abtreibungswissens. Diese „Erklärungen", durch populärwissenschaftliche Literatur aufgegriffen, erscheinen deshalb so überzeugend, weil sie sich durch heutige Erfahrungen mit Auseinandersetzungen um § 218, der Konkurrenz zwischen alternativen Heilmethoden und Schulmedizin, staatlichen Interessen an bevölkerungspolitischen Maßnahmen und Erfahrungen mit gesellschaftlicher Diskriminierung von Frauen leicht nachvollziehen lassen. Die Situation der als Hexen verfolgten Frauen läßt sich damit allerdings nicht erklären, sie ist nur aus der Zeit, in der diese Frauen lebten, zu verstehen.

Im Zusammenhang mit politischen Auseinandersetzungen entstanden im 19. Jahrhundert Meinungen über die Hexenverfolgung, die ebenfalls heute noch wirksam sind und für historische Wirklichkeit gehalten werden. Das Thema Hexenprozesse bekam im Rahmen des Kulturkampfs gegen den Einfluß des Katholizismus und des Papsttums neue Bedeutung. Die Empörung über die Greuel und die „Barbarei" der Hexenverfolgung ließ sich als Propaganda gegen die katholische Kirche einsetzen, die als Initiatorin und Trägerin der Hexenprozesse hingestellt wurde. Dazu wurden die Hexenprozesse, die in größerem Umfang erst nach der Reformation, und zwar in Territorien beider Konfessionen durchgeführt worden waren, ins „finstere Mittelalter" verlegt und die Zahl der Prozesse auf mehrere Millionen geschätzt, was ebenfalls nicht den Fakten entspricht.

Die Ursachen der Hexenverfolgung wurden allein in der Frauenfeindlichkeit der katholischen Kirche gesehen. Diese Interpretation fand Ausdruck in zahlreichen bildlichen Darstellungen. Sie sind heute als Illustrationen in der Literatur über Hexenprozesse zu finden und wurden außerdem durch Ausstellungen zum Thema Hexen und „Hexenwelten" einer breiteren Öffentlichkeit bekannt gemacht. Bilder von Gerichtsszenen, die hier unkommentiert quasi als Abbildung historischer Wirklichkeit präsentiert wurden, bestätigten somit die Deutungen des 19. Jahrhunderts. Sie stellen die verfolgten Frauen als das „schöne" Opfer, die unschuldige Jungfrau dar, die den Angriffen der Begierden zölibatärer Geistlicher ausgesetzt war. Bilder von Verhören zeigen junge Frauen in weißem Gewand unter rohen Händen des Folterknechts und den lüsternen Blicken zahlreich anwesender Geistlicher. Es ist bezeichnend, daß in der selben Zeit, in der diese Bilder als Ausdruck von Kritik an der Hexenverfolgung entstanden, neue Frauen- und Hexenbilder mit eindeutig sexueller Anspielung geschaffen wurden: der Vamp, die Femme fatale und die rothaarige aufreizende Hexe.

Alte und neue Hexenbilder haben heute den Blick auf die Geschichte der Frauen verstellt, die in der Frühen Neuzeit als Hexen gerichtlich verfolgt wurden. Ihre Geschichte läßt sich nicht aus Bildern, auch nicht aus den Hexendarstellungen der Zeitgenossen ermitteln, sie muß aus den Prozeßakten rekonstruiert werden. Der „andere Blick" auf die historischen Hexen- und Frauenbilder, der durch die Wiederbelebung der Hexen von der Frauenbewegung provoziert wurde, hat auch zu neuen Fragen an die Quellen geführt. Insofern sind meine eigenen Forschungen zur Sozialgeschichte der „Hexen", die Grundlage dieses Buches sind, durch Auseinandersetzungen mit den Hexenbildern der Frauenbewegung entstanden.

Die Hartnäckigkeit, mit der heute die neuen Hexenbilder für historische Wirklichkeit gehalten und verteidigt werden, hat mir letztlich zu einem besseren Verständnis der Geschichte der Hexenverfolgung verholfen. Es beruht auf einem Verständnis für die Macht der Bilder, deren Überzeugungskraft Männer und Frauen in der Frühen Neuzeit dazu brachte, in „harmlosen" Nachbarinnen bösartige, gefährliche Zauberinnen und Teufelshuren zu sehen. Die Wirksamkeit der historischen Hexenbilder beruhte ebenfalls darauf, daß sie Elemente von weiblicher Lebenspraxis aufgriffen und mit Phantasien über Hexen verknüpften. Von den Bildern her läßt sich verstehen, warum in den Gemeinden hauptsächlich Frauen der Hexerei verdächtigt wurden. Dies deutlich zu machen, ist das Anliegen meines Buches.

Die Wechselbeziehung zwischen Hexenbildern und Lebenswirklichkeiten von Frauen in der Frühen Neuzeit untersuche ich anhand der verschiedenen Aspekte des Bildes der Zauberin, der Teufelshure und des bösen Weibs. Ich stelle Geschichten von Frauen vor, auf die solche Bilder projiziert wurden. Aus den Berichten von Zeugen und den Geständnissen angeklagter Frauen in Hexenprozeßakten läßt sich erschließen, welche Vorstellungen von Hexerei in den jeweiligen Gemeinden verbreitet waren, wie Frauen und Männer mit den vorgegebenen Bildern umgingen, und nach welchen Mustern und Regeln die Bilder auf Frauen übertragen wurden. Meine Untersuchungen basieren auf Hexenprozeßakten aus dem Staatsarchiv Detmold, dem Stadtarchiv Salzuflen, der Handschriftensammlung der Landesbibliothek Kassel und des Niedersächsischen Staatsarchivs Hannover. Darüber hinaus habe ich die Aktenpublikationen von Fritz Schreiber aus dem Band „Hexen-Gerichtsbarkeit" und Dokumente aus der von Wolfgang Behringer herausgegeben Quellensammlung „Hexen und Hexenprozesse in Deutschland" ausgewertet. AutorInnen, auf deren Forschungen zur Geschichte der Hexenprozesse und der Frauen in der Frühen Neuzeit ich mich in diesem Buch hauptsächlich beziehe, sind Heide Dienst, Wilhelm Hartmann, Eva Labouvie, Rainer Walz und Heide Wunder.

Auch die Frauen, auf deren Erfahrungen mit Hexereianklagen und -verdächtigungen sich meine Untersuchung stützt, möchte ich hier namentlich nennen:

die Schultesche, die Keppesche, Adelheid Ebbinghofen, Gertrud Hasken, Katharina Herde (Winterberg 1523)
Grete Dresing, Grete, Pawel Wollwebers Frau (Salzuflen 1551)
die Grödesche, die Geßlersche (Derneburg 1555)

Dorothea, Schäferin (Amt Blomberg 1561)

die Sibergsche (Hildesheim 1562)

Elisabeth Poisendal (Horn 1563)

Ilse Ridder (Hildesheim 1564)

Anna Gerlach, Marga Bregel, Anna Lisch, Elß und Anna
Gott (Hanau 1565)

Johan Winekes Frau (Amt Blomberg 1570)

die Udesche (Hildesheim 1570)

die Neumeiersche (Amt Ringenberg 1571)

Hinrich Sivers und Curt Walterbergs Frauen (Amt Osen
1583)

Marie Roseler (Horn 1584)

Anneke Rutt, Mette Deppe und ihre Mutter, Trine Bunsen, Grete Schäfer, Lueke zu Osterholz (Kirchspiel
Schlangen 1586/89)

Anneke Bickers und ihre Tochter Marie (Amt Sternberg
1587)

Catrine Hilker (Amt Blomberg 1588)

Ilse Sölters (Detmold 1599)

Anneke Grone (Horn 1603)

die Mollersche (Hildesheim 1607)

Barbara Rüfin (Amt Ellwangen 1611)

Barbara Kurzhals (Reichertshofen 1629)

Margarethe Asmus (Amt Gerstungen um 1655)

Catharina Staudinger (Marburg 1656)

Margarethe Müller (Neustadt 1658)

die Portransche, ihre Töchter Ilse und Grete (Amt Enger
1675)

Margarethe Winkelmann (Hildesheim 1700)

# II.

## Zur Geschichte der Hexenprozesse

Am 10. Juli 1656 legte die 72jährige Bürgerin Catharina Staudinger, Witwe des Schmiedes Heinrich Staudinger aus der Wettergasse in Marburg, vor einer Abordnung von Marburger Ratsherren und in Anwesenheit eines Pfarrers folgendes Geständnis ab:

Sie sei eine arme Sünderin, die mit ihrer Zauberkunst Menschen und Vieh krank und lahm gemacht und getötet habe. Vor mehr als zwanzig Jahren habe sie den damals dreijährigen Sohn des Schmiedes Benedikt Guth verhext, so daß er lange Zeit elendig krank gelegen habe, ohne daß ihm irgendjemand helfen konnte. Ihrer Nachbarin, der Ehefrau des Krämers Martin Diefenbach, habe sie die Milch in den Brüsten verhext, worauf deren zweijähriger Sohn starb. Durch ihre Hexerei seien die Lähmung der siebzehnjährigen Elisabeth Hauck, die großen Schmerzen und das hohe Fieber der elfjährigen Tochter des Apothekers Mathias Schrodt und die Schmerzen und Verkrüpplung im Knie des Bäckergesellen Hans Peter Schmitt verursacht worden. Sie habe ihrem Nachbarn, dem Schneidermeister Arnold, ein Kalb totgezaubert und die Frau des Stadtdieners gehindert, Butter herzustellen, indem sie ihr durch Zauber den Rahm von der Milch gestohlen habe. Was sie angerichtet habe, bereue sie zutiefst, und sie habe die Zuversicht, daß Gott ihr solches vergeben werde.

Mit diesem Geständnis hatte sie nur einen Teil des Verbrechens beschrieben, dessen sie angeklagt war. Als Hexe mußte sie Kontakte zum Teufel haben, mit ihm Unzucht getrieben und an den Zusammenkünften der „Hexenrotte" teilgenommen haben. Darüber wollten die Ratsherren Genaueres wissen. Ein entsprechender Fragekatalog zu diesem Aspekt der Zauberei lag ihnen bereits vor. Catharina Staudinger wußte, daß sie diese Fragen entsprechend den Erwartungen des Gerichts beantworten mußte, wenn sie nicht weitere Wochen Haft und Verhöre unter Anwendung der Folter auf sich nehmen wollte. Sie wußte auch, daß sie zu diesem Zeitpunkt keine Chance mehr hatte, lebend aus dem Prozeß herauszukommen. So war sie bereit, das, was ihr über die Taten der Hexen bekannt war, als eigenes Erleben zu beschreiben.

Die Zauberkunst habe sie vom Teufel gelernt. Er sei vor über dreißig Jahren zu ihr gekommen, kurz nachdem ihr Ehemann von ihr weggezogen sei und sie mit den Kindern habe sitzen lassen. Der Teufel sei des Nachts in Gestalt ihres Mannes in ihr Bett gekommen, habe mit ihr geschlafen, sie getröstet und gesagt, sie solle nun zufrieden sein, er werde sie und die Kinder ernähren, dafür müsse sie alles tun, was er ihr befehle. Sie habe zugestimmt, später aber versucht, dem Teufel wieder zu entkommen, was ihr jedoch nicht gelungen sei. Im Laufe der Jahre habe ihr der Teufel befohlen, ihren Nachbarn durch Zauberei die Schäden zuzufügen, von denen sie eingangs berichtet hatte. Am Tanz und Festmahl der Hexen mit ihren Teufeln habe sie nur selten teilgenommen, weil sie oft krank gewesen sei. Auf die Frage, wer König und Königin der Hexenrotte sei, nannte sie den Bäcker aus der Barfüßergasse und dessen Ehefrau. Darüber hinaus benannte sie mehrere Marburger Bürgerinnen, die auch dort gewesen seien. Der Teufel habe ihr eine Salbe gebracht, mit der habe sie sich eingeschmiert, dann sei sie durch den Schornstein hinausgeflogen und auf einem schwarzen Bock mit scheußlichen Hörnern durch die Lüfte zu den Zusammenkünften geritten. Zum Dank habe sie den Bock auf sein Hinterteil küssen müssen. Er habe auch etliche Male bei ihr geschlafen, aber der Beischlaf habe ihr nur Schmerzen bereitet, denn er habe ein schwarz, häßlich „Ding" so hart wie ein Holz gehabt. Als sie das letztemal vor ihrer Verhaftung zum Tisch des Herrn, dem heiligen Abendmahl, gegangen sei, habe sie die Hostie wieder aus dem Mund herausgenommen, um sie später dem Teufel zu übergeben. Den Wein habe sie auf die Erde gespuckt.

Catharina Staudinger war eine von etwa 80 000 Frauen, die in Mitteleuropa zwischen dem 15. und 18. Jahrhundert als Hexen vor Gericht gestellt wurden. Wie die meisten von ihnen hatte sie sich unter dem Druck der Verhöre mit dem Bild identifiziert, das die Gerichtspersonen, ihre Nachbarn, die als Zeugen gegen sie ausgesagt hatten, und auch sie selbst von einer Hexe hatten. Ein Bild, das in der zweiten Hälfte des 17. Jahrhunderts nach zweihundert Jahren Hexenverfolgung zu einem festen Klischee geworden war. Erst zu diesem Zeitpunkt hatte sich auch die Bezeichnung „Hexe" im deutschen Sprachraum allgemein durchgesetzt und war zum Sammelbegriff für all die Namen geworden, mit denen solche Frauen bis dahin belegt worden waren: böse Weiber, Unholden, Trutten, Zaubersche, Teufelshuren, ketzerische Huren und Feindinnen Gottes. Mit solchen Bezeichnungen waren unterschiedliche Aspekte des facettenreichen Bildes der Hexe betont worden. Das böse Weib, das voller Neid, Haß und Rachsucht war und ihren Nachbarn nichts Gutes gönnte. Die Zauberin, die ihren Mitmenschen Krankheit und Tod brachte, deren Vieh tötete, die Ernten verdarb und die Nahrung stahl. Die Unholden und Trutten, die mit allen Eigenschaften böser Geister ausgestattet waren und durch die Lüfte ritten. Die Teufelshure, die mit dem Bock „widernatürliche Unzucht" trieb. Die Feindin Gottes, die Hostienfrevel beging, indem sie Christi Leib dem Satan übergab und Gott dadurch beleidigte, daß sie seine Sakramente verhöhnte. Die Ketzerin, die mit anderen Teufelsanhängern Zusammenküfte abhielt, deren Ziel es war, die Ordnung der christlichen Gesellschaft umzustürzen.

Daß alle diese Aspekte des Hexenbildes mit der Lebenswirklichkeit Catharina Staudingers übereinstimmten, wurde durch ihre Verurteilung wegen Hexerei von amtlicher Seite bestätigt. Wir sehen heute in Catharina Staudinger lediglich die alte Frau, die ein mühseliges Leben hinter sich hatte, von ihrem Ehemann verlassen, ihre Kinder hatte allein durchbringen müssen; die Bürgerin, die mit ihren Nachbarn im Streit lag (was nichts Ungewöhnliches war), und die Angeklagte, die sich unter dem Druck der Folter als Dienerin des Teufels dargestellt hatte.

Zur Hexe war sie jedoch nicht erst durch die Folter gemacht worden. Ihre Nachbarn, die als Zeugen gegen sie aussagten, hatten seit langem in ihr eine Hexe gesehen. Die Gründe für diese Vorstellung, für die Verknüpfung des Hexenbildes mit ihrer Lebenswirklichkeit sind weniger in der Person der Frau zu suchen als im Weltbild der frühneuzeitlichen Gesellschaft, das Sichtweisen von Wirklichkeit bereitstellte, die uns heute weitgehend fremd sind. Die Überzeugung, daß magische Mittel und Rituale wirksam seien, daß der Teufel leibhaftig umhergehen könne und seine Opfer suche, daß Dämonen in der menschlichen Gesellschaft ihr Unwesen treiben könnten, war für einfache und gebildete Leute ein fester Bestandteil ihrer Wirklichkeit.

Solche Vorstellungen waren keine Besonderheit der frühneuzeitlichen europäischen Gesellschaft. Der Glaube an Geister und Dämonen, an Verderben und Tod bringende weibliche Wesen war und ist in den unterschiedlichsten Kulturen ebenso weltweit verbreitet wie der Glaube an die Wirksamkeit von Magie und ihre Anwendung in unterschiedlichen Bereichen des Lebens. In allen traditionellen Gesellschaften gibt es Personen, die sich auf ein geheimes magisches Wissen berufen und auf Fähigkeiten, in Kontakt mit höheren Mächten zu treten, die es ihnen ermöglichen, Einfluß auf Mensch und Natur zu nehmen. Was die Hexereivorstellungen im christlichen Mitteleuropa von denen anderer Kulturen unterscheidet, ist die Verknüpfung von Magie und Ketzerei. Im Hexenbild „verteufelte" die Kirche sogenannte heidnische Traditionen, Glaubensinhalte und Praktiken und stellte sie als ketzerische Aktivität dar, die ihre Existenz und damit die christliche Gesellschaft bedrohe.

Die Vorläuferinnen der „Hexen" in der vorchristlichen europäischen Kultur gehörten dem Reich der Geister und Dämonen an. Als Unholden, Trutten und Perchten waren sie noch im 16. Jahrhundert bekannt. „Unholdin" war neben „Zaubersche" und „Hexe" die in Hexentraktaten am häufigsten gebrauchte Bezeichnung. Solche Geistwesen waren Gegenspielerinnen entsprechender guter Geister oder ambivalente Wesen, die sowohl Leben schaffen wie Leben zerstören konnten. Die Holden oder Hulden waren die guten Hausgeister, die Segen brachten. Sie mußten durch Speise- und Trankopfer günstig gestimmt werden, damit sie sich nicht in Unholden verwandelten, die in die Keller eindrangen und Wein und Nahrungsvorräte stahlen. Die Trutten traten in Gestalt alter Weiber auf, die den Menschen die Lebenskraft aussaugten. Es gab nachtfahrende Wesen, die durch die Lüfte flogen. Es gab Walküren, die durch die Luft reitend die Heere der Krieger begleiteten, töteten oder schützten. Und schließlich waren da weibliche Wettergeister, die Regenschleier durch die Luft trugen, Windbräute und Rüttelweiber. Die Fähigkeit zu fliegen besaßen auch die frühneuzeitlichen Hexen, die – wie Catharina Staudinger von sich behauptete – durch den Schornstein zu nächtlichen Gelagen ausritten. Der Bock, auf dem sie saßen, war ein Symbol der Fruchtbarkeit. In der germanischen Mythologie waren Böcke die Zugtiere des Wagens, auf dem der Ackergott Thor durch die Lüfte fuhr. Während die „heidnischen" Geistfrauen je nach Bedarf helfen oder schaden konnten, wurde die Hexe in der christlichen Gesellschaft als boshafte, schadenstiftende Frau dargestellt. Sie verkörperte die Umkehr weiblicher Rollennormen: statt zu schützen und zu nähren, vergiftete und tötete sie. Sie war die Kinderfresserin, die selbst nicht gebären konnte.

Ein Aspekt der Realität, der im christlichen Hexenbild aufgegriffen wurde, war die Praxis der Zauberei. Zaubersprüche, Segensformeln, magische Praktiken zur Abwehr von bösen Einflüssen, zum Heilen, zur Erregung von Liebe und zur Schädigung von Feinden waren in der mittelalterlichen Gesellschaft noch allgemein verbreitet und wurden von Frauen und Männern angewendet. Es gab magische Praktiken, die von beiden Geschlechtern ausgeübt wurden und geschlechtsspezifische Zauberei, die eng auf die jeweiligen Arbeits- und Lebensbereiche von Frauen oder Männern bezogen war. Zauberei wurde von der Kirche seit der Christianisierung als „Aber-

glaube", d. h. Gegenglaube verurteilt und mit Kirchenbußen belegt. Trotz der Verbote blieb die Tradition der
Zauberei jedoch bis in die Neuzeit erhalten und bildete
die Basis für den Hexenglauben.

Im Spätmittelalter verschärfte die Kirche ihre Haltung
gegenüber „heidnischen, abergläubischen Gebräuchen".
Aus den Erfahrungen mit Ketzerbewegungen entstand
die Idee einer Hexensekte, deren Mitglieder durch teuflische Zauberei Krankheit, Tod und Unfruchtbarkeit
über Menschen und Vieh brächten und die Feldfrüchte
vernichteten. Ihr Ziel sei es, durch ein Bündnis mit dem
Teufel Sünde und Laster zu verbreiten und damit die
christliche Gesellschaft zu zerstören. Während noch
im 11. Jahrhundert die Vorstellung von nachtfahrenden
Frauen, die als Anhängerinnen einer Fruchtbarkeitsgöt-
tin auf Tieren durch die Lüfte ritten, zur Irrlehre der
Heiden erklärt und der Glaube daran mit Kirchenbußen
geahndet wurde, galt dies nach der neuen Hexenlehre
als reale Praxis der Hexen oder Unholden. Statt mit der
Göttin sollten sie mit dem Teufel durch die Lüfte reiten.
Das Hexenbild der Theologen vereinigte die Eigenschaften und Fähigkeiten der Zauberinnen mit denen der
heidnischen Geistwesen, die Unholden wurden zu Menschen. Aus der ehemals zauberkundigen Frau, die lediglich für einzelne Menschen bedrohlich werden konnte,
wurde die ketzerische Teufelsanhängerin, die Feindin
Gottes und der christlichen Gesellschaft. In der Fixie-
rung des Hexenbildes auf die Frau knüpfte die Kirche sowohl an die in der Bevölkerung weiterlebende vorchristliche Tradition an wie auch an die eigene christliche
Überlieferung. In der Frau hatten schon die Bischöfe des
frühen Mittelalters die Hüterin des heidnischen abergläubischen Weltbildes gesehen. Das Weib als Ursache
allen Übels war ein Topos in den Schriften der Kirchen-

väter, war doch durch Eva die Sünde in die Welt gekommen.

Mit der theologischen Hexenlehre wurde ein Hexenbild geschaffen, das eine für Frauen folgenschwere Entwicklung einleitete. Dieses Bild ließ sich nicht nur auf die magiekundigen Frauen übertragen, sondern war im Prinzip auf alle Frauen anwendbar. Da das eigentliche Verbrechen im heimlichen Bündnis mit dem Teufel bestand und dieser auch als der Verursacher der Schäden angesehen wurde, mußte die Hexe nicht mehr über magisches Wissen verfügen, sondern sich nur dem Teufel unterwerfen. Die besondere Neigung der Frauen zu diesem „abscheulichem Laster" wurde mit ihrer Schwäche und ihrer leichteren Verführbarkeit begründet, die sie zu bereitwilligen „Opfern" des Teufels machten.

Durch die Verknüpfung von Zauberei und Ketzerei wurde ein neues Verbrechen formuliert, das alle anderen an Abscheulichkeit übertraf und zu dessen gerichtlicher Verfolgung die Kirche, die selbst die Blutsgerichtsbarkeit nicht ausüben durfte, die Hilfe des „weltlichen Arms",der Obrigkeiten, anrief. Zauberei war nach mittelalterlichem Strafrecht ein Vergehen gewesen, das je nach Schwere des angerichteten Schadens mit Geldbußen oder Todesstrafe geahndet wurde. Hexerei verlangte die gleiche Bestrafung wie Ketzerei, nämlich den Tod durch das Feuer. Obwohl das neue Delikt von den Gerichten bis ins 17. Jahrhundert hinein noch als „Zauberei" bezeichnet wurde, lag der Schwerpunkt nicht mehr auf der Schädigung durch Magie, sondern auf dem Bündnis mit dem Teufel und damit auf der Majestätsbeleidigung Gottes. Da es sich bei den StraftäterInnen um AnhängerInnen einer Sekte handelte, ging es bei der Strafverfolgung nicht mehr um einzelne wie ehemals bei der Zauberei, sondern um die Bekämpfung der Hexenrotte. Die Verhöre zielten auf Ermittlung von Namen weiterer Hexen ab, womit Prozeßwellen und Massenprozesse vorprogrammiert waren.

Seit dem 15. Jahrhundert setzten Hexenprozesse in nennenswerterer Zahl zunächst in Savoyen, Burgund und dem Wallis ein. Über die deutschsprachige Schweiz, die Kantone Luzern, Bern und Uri breiteten sich die Prozesse in der Diözese Konstanz aus und gelangten von dort in das Erzbistum Mainz, dem Konstanz unterstand. Zu diesem Zeitpunkt folgten die Prozesse noch der Praxis der Ketzerinquisition. Dominikaner zogen als Inquisitoren durch die Lande, um die Hexen aufzuspüren. Mit Predigten riefen sie in den Gemeinden dazu auf, verdächtige Personen zu melden. Die Verhöre der vermuteten Hexen wurden vor Inquisitionstribunalen durchgeführt und die geständigen „VerbrecherInnen" dem weltlichen Gericht zur Abstrafung übergeben. In den Territorien des „Heiligen römischen Reiches deutscher Nation" fanden die Hexeninquisitoren nicht immer die gewünschte Unterstützung der Obrigkeiten, ihre Praktiken stießen auf Ablehnung. Auch vom „Volk" wurde die neue Hexenlehre zunächst nicht angenommen, in den frühen Prozessen blieb das Bild der Unholden und Zauberschen von traditionellem Zauberglauben geprägt.

Als Reaktion auf die ablehnende Haltung der deutschen Bischöfe gegenüber der Hexeninquisition verfaßte Papst Innozenz VIII. 1484 die berühmte Hexenbulle „Summis desiderantes affectibus", so benannt nach den ersten Worten des lateinischen Textes. Darin forderte er seine Bischöfe in Oberdeutschland und in den Erzbistümern Mainz, Köln, Trier und Salzburg auf, die von ihm beauftragten Inquisitoren in ihren Territorien nicht zu behindern, sondern deren Vorgehen gegen das ketzerische Unwesen zu unterstützen. Ihm sei zu Ohren gekommen, daß in diesen Gebieten viele Personen vom katholischen Glauben abfielen, mit den Teufeln, die sich mit ihnen als Männer oder Frauen vermischten, Mißbrauch trieben, durch Zauber, Lieder und Beschwörungen die Geburten der Frauen, die Jungen der Tiere und die Früchte der Erde verdürben, Menschen und Vieh töteten und mit Krankheiten und Plagen schädigten, Männer und Frauen unfruchtbar machten und bewirkten, daß sie ihre „ehelichen Werke" nicht leisten könnten. Sie verleugneten ihre Taufgelübde und verübten durch Anstiftung des Teufels viele Leichtfertigkeiten, Sünden und Laster zur Gefahr ihrer Seele und der Beleidigung der göttlichen Majestät.

Ein anschauliches Beispiel für die Schwierigkeiten der Hexeninquisitoren geben die Ereignisse in Innsbruck in den Jahren 1484/85, wo die Bemühungen des Dominikaners Heinrich Institoris, Hexenprozesse durchzuführen, scheiterten. Nach seinen Hexenpredigten mit dem anschließenden Aufruf an die Gemeinde, diejenigen, die in Innsbruck Hexerei betrieben, namhaft zu machen, wurden fünfzig Personen als verdächtig gemeldet. Von ihnen ließ Institoris sieben Frauen verhaften und eröffnete den Prozeß gegen sie. Der Verteidiger der Angeklagten und der juristische Beauftragte des Bischofs der Diözese Brixen, zu der Insbruck gehörte, wiesen Verfahrensmängel nach und sorgten für den Abbruch des Prozesses. Institoris wurde vom Bischof aus dem Bistum Brixen ausgewiesen. Er verfaßte daraufhin den „Hexenhammer", der als Rechtfertigungsschrift seiner Tätigkeit angesehen werden kann. In diesem Werk trug er die von Kirchenvätern, Theologen und in der Bibel geäußerten Abwertungen und Diffamierungen von Frauen zusammen, um ihre Neigung zur Hexerei zu begründen. Die Ausführungen über den Schadenzauber der Hexen sind größtenteils Wiedergaben dessen, was er während seiner Tätigkeit als Inquisitor durch Aussagen von Zeugen und aus Geständnissen von Angeklagten über gebräuchliche Zauberpraktiken erfahren hatte. In der Zuspitzung des Hexereivorwurfs auf Frauen wurde volkstümlicher Zauberglaube mit theologischen Argumenten über weibliche Bosheit vermischt. Der „Hexenhammer" wurde 1487 zum erstenmal gedruckt und erschien bis ins 17. Jahrhundert in zahlreichen Neuauflagen.

Ihre Höhepunkte hatte die Hexenverfolgung in Deutschland erst nach der Reformation. Seit diesem Zeitpunkt wurden Hexenprozesse ausschließlich von weltlichen Gerichten durchgeführt. In der Regel wurden die Prozesse „von Amts wegen" nach dem Inquisitionsverfahren geführt, d. h. die Obrigkeiten, denen die Hochgerichtsbarkeit unterstand, leiteten Ermittlungen gegen Straftatverdächtige ein und traten als Ankläger auf. Die Verhöre von Zeugen und Angeklagten fanden unter Ausschluß der Öffentlichkeit statt. Das öffentliche Verfahren beschränkte sich auf den „endlichen Rechtstag", an dem das Geständnis der Angeklagten verlesen und das Urteil gesprochen wurde. Formal unterschieden sich Hexenprozesse nicht von Verfahren wegen Mord, Raub oder schweren Diebstahls, bei denen ebenfalls die Folter zur Erlangung eines Geständnisses eingesetzt wurde, und die deshalb als peinliche Prozesse (gemeint ist Pein = Schmerz) bezeichnet wurden.

Die ersten größeren Verfolgungswellen setzten in den sechziger Jahren des 16. Jahrhunderts ein. Weitere Verfolgungshöhepunkte gab es in den dreißiger Jahren des 17. Jahrhunderts und in einigen Territorien noch in den fünfziger und sechziger Jahren. Mit dem Ende des

17. Jahrhunderts wurden Hexenprozesse seltener. Der letzte Hexenprozeß in Westeuropa wurde im Jahre 1782 in Glarus in der Schweiz und der letzte in Europa 1793 in Polen durchgeführt.

Die verbreite Meinung, von der Hexenverfolgung seien mehrere Millionen Frauen betroffen gewesen, geht auf Schätzungen von Historikern des 19. Jahrhunderts zurück, die noch keine quantitative Forschungen betrieben. Nachdem inzwischen durch neuere Regionalstudien genauere Zahlen vorliegen, wird die Anzahl der insgesamt in Europa durchgeführten Prozesse auf etwa 100 000 geschätzt. 80 % der Verfolgten waren Frauen. Zauberei bzw. Hexerei war neben Kindsmord in der Frühen Neuzeit das Delikt, das Frauen in größerer Zahl als Angeklagte vor Gericht brachte. Im Vergleich zu anderen Strafprozessen war die Zahl der Hexenprozesse gering. Der größte Teil der Hinrichtungen im 16. und 17. Jahrhundert betraf Mörder, Räuber und Diebe. In großen Städten machten Hexenprozesse etwa 10 % der gesamten Kriminalprozesse aus.

Mit der strafrechtlichen Verfolgung des neuen Verbrechens der Hexerei setzte eine umfangreiche Produktion von Hexenbildern ein. Die in der zweiten Hälfte des 15. Jahrhunderts entstandenen Techniken des Buchdrucks, des Holzschnitts und Kupferstichs ermöglichten es, Vorstellungen über Hexen und ihre Taten in Bild und Schrift massenhaft zu verbreiten. Die bildlichen Darstellungen zeigen Hexen bei der Ausführung ihres Schadenzaubers, auf dem Flug zu ihren Zusammenkünften und bei ihrem Treiben auf dem Hexentanz. „Zeitungen" in Form von illustrierten Flugblättern berichteten über Hexenprozesse, beschrieben die Untaten der jeweiligen Verurteilten, beklagten das grassierende Hexenwesen und betonten in

Wort und Bild, daß die „bösen Weiber" durch die Hinrichtung ihren gerechten Lohn bekommen hätten.

Traktate, Abhandlungen, Streitschriften und gedruckte Predigten, in denen die Verbrechen der Hexen vorgestellt und erörtert wurden, waren mit Holzschnitten versehen, die allen vor Augen führen sollten, welche Taten die Hexen im geheimen durchführten. Unter den Verfassern der Hexentraktate, den Theologen, Juristen und Medizinern, gab es unterschiedliche Meinungen darüber, was den Hexen möglich sei, wie weit die Macht der Frauen wirklich reiche und welchen Anteil der Teufel am Schadenzauber hätte. Auch diejenigen, die Kritik an Hexenprozessen übten, wie Johannes Weyer oder Friedrich von Spee, zweifelten prinzipiell nicht daran, daß es Hexen gäbe, die sich mit dem Teufel verbündeten und für dieses Verbrechen bestraft werden müßten.

In diesem Diskurs wurde das Bild der frühneuzeitlichen Hexe geschaffen. Die Hexentraktate wurden von gebildeten Bürgern und den Beamten der Obrigkeiten, die mit der Durchführung der Hexenprozesse beauftragt waren, gelesen. Ihre dadurch geprägten Vorstellungen brachten sie als Gerichtspersonen in die Verhöre der Angeklagten ein. Die Angeklagten in Hexenprozessen füllten die vom Gericht vorgegebene Hexerei-Stereotype mit überlieferten Vorstellungen und eigenen Lebenserfahrungen. Ihre Geständnisse, die beim öffentlichen Rechtstag verlesen wurden, beeinflußten als gleichsam authentische Zeugnisse von Expertinnen das gängige Hexenbild. In ländlichen und städtischen Gemeinden warnten Pfarrer mit Predigten über das „abscheuliche Laster der Zauberei" ihre Pfarrkinder vor den Hexen und brachten damit nicht nur die Hexenlehre der Gebildeten unter das Volk, sondern schürten nicht selten die Angst und die Bereitschaft zur Hexenverfolgung in den Gemeinden. Über die „Zeitungen" wurden regionale Hexereivorstellungen in entfernte Gebiete getragen. Die Texte auf diesen Flugblättern waren gelegentlich in Reime gefaßt, mit Hinweisen, wie sie zu singen seien. Eine in Nürnberg 1627 gedruckte „Druten Zeitung" (Trutte = Hexe) beschreibt die Greueltaten mehrer verurteilter „Unholden" aus dem Frankenland, Bamberg und Würzburg und endet mit einer Warnung an alle frommen Christen vor diesem „Ungeziefer". Der Text war als „Gesang" verfaßt. Vermutlich wurden die Sensationen der Hexenprozesse den leseunkundigen Leuten auf Märkten vorgetragen. Solche Greuelberichte erhöhten die Ängste vor den Hexen und regten die Phantasien darüber an, was diesen bösen Weibern mit Hilfe des Teufels alles möglich sei.

Das Bild der Hexe war also ein Produkt wechselseitiger Beeinflussung von gelehrtem und volkstümlichem Hexenglauben. Es hatte sich in der alltäglichen Praxis der Hexereiverdächtigungen, der gerichtlichen Verfolgung von Hexen, der verschiedenen Diskurse über Hexen herausgebildet. In den Phantasien darüber, auf welche Weise die Hexe ihre Schädigungen durchführte, welche Fähigkeiten sie besaß und auf welche Bereiche sich ihre Zauberei vornehmlich richtete, mischten sich regionale, volkstümliche Vorstellungen mit dem gelehrten Hexenbild. Erfahrungen mit magiekundigen Frauen gingen ebenso in das Bild ein wie der Glaube an weibliche Geistwesen, die Trutten und Unholden. Die verschiedenen Aspekte dieses Bildes lieferten Muster zur Wahrnehmung und Interpretation von Wirklichkeit, waren Deutungsmuster, nach denen Handlungen, Verhaltens- und Lebensweisen von Frauen als Zauberei bzw. Hexerei interpretiert wurden.

# III.

## Hexenbilder – Frauenbilder
## Phantasie und Wirklichkeit

Die Grundidee des Hexenmusters war die Verkehrung aller Werte und Normen, die Umkehrung von Gutem und Hilfreichem in Böses, Unheilvolles, Schädigendes. Dies kam in zahlreichen Bildern symbolisch zum Ausdruck: Hexen, die verkehrt herum auf dem Bock saßen, nackte Frauen, die dem Betrachter den Rücken kehrten oder ihr Gesäß zuwandten, Tänzerinnen beim Hexensabbat, die rückwärts oder auf Händen liefen. Die Hexen standen für die „verkehrte Welt", in der die gesellschaftliche Ordnung gestört, in „Unordnung" verkehrt war. Dieses Muster galt für alle Elemente des Hexenglaubens und bestimmte die Eigenschaften der Zauberin, der Teufelshure und des bösen Weibes. Im Schadenzauber wurden Heil- und Schutzmaßnahmen ins Gegenteil verkehrt. Gebete, Segenssprüche und Heilzauberformeln wurden rückwärts gesprochen und ihre ursprünglich förderliche Wirkung ins Gegenteil verkehrt. Teufelspakt und Hexensabbat beinhalteten Verkehrungen kirchlicher Rituale. Das böse Weib verkehrte die Rollennormen, war das Gegenbild der frommen Frau, beanspruchte die Herrschaft über den Mann. Aus diesem „Umkehrmotiv" heraus sind die Hexenbilder als Frauenbilder zu verstehen. Sie bezogen sich auf Lebenswirklichkeiten von Frauen, die im Bild der Hexe ins Negative pervertiert wurden. Während Kirche und Obrigkeiten in den Hexen eher die Feindinnen Gottes sahen, waren in den Gemeinden die Hexen hauptsächlich als schadenstiftende Zauberinnen gefürchtet.

# 1. Die schadenstiftenden Zauberinnen

Die Zauberinnen bedrohten Leib, Leben und Besitz derer, mit denen sie innerhalb einer Gemeinde oder in enger Nachbarschaft lebten. Die Vorstellungen, daß Hexen durch Zauberei Schäden anrichten könnten, hingen eng mit der Rolle der Magie in der frühneuzeitlichen Gesellschaft zusammen. Magie hatte einen zentralen Stellenwert im Leben der Menschen, sie wurde in unterschiedlichen Formen zur Lösung von Problemen, zur Lebensbewältigung, zur Abwehr von Bedrohungen im täglichen Leben eingesetzt und von allen Schichten der Gesellschaft in verschiedenen Formen und Anwendungsbereichen praktiziert. Rituale, die das Gedeihen von Menschen, Vieh und Feldfrüchten beeinflussen und Schäden abwenden sollten, spielten als Mittel der Existenzsicherung in bäuerlichen und ackerbürgerlichen Gemeinden eine entscheidende Rolle. Das gebildete Bürgertum und der Adel befaßten sich mit Astrologie und Alchemie, um daraus Weltdeutungen und Richtlinien für ihr Handeln zu gewinnen. Die Kirche arbeitete mit Heilssymbolen und Ritualen, denen magische Wirkungen zugesprochen wurden. Die sichtbaren Unterschiede zwischen kirchlichen und magischen Ritualen bestanden in manchen Fällen nur darin, daß sie von Geistlichen oder Laien ausgeführt wurden.

Da Magie eingesetzt wurde, um Leben, Fruchtbarkeit und Besitz zu sichern, erscheint es logisch, daß im umgekehrten Fall auch Krankheiten, Tod und Unglück auf magische Einwirkung zurückgeführt wurden. Die folgende Beschreibung, mit der Luther 1522 die zu seiner Zeit gängigen Vorstellungen über das Unwesen der Hexen zusammenfaßte, zeigt die Bereiche, in denen Schäden auf Zauberei zurückgeführt wurden.

„Die Hexen, das sind die bösen Teufelshuren, die da Milch stehlen, Wetter machen, auf Böcken und Besen reiten, auf Mänteln fahren, die Leute schießen, lähmen, verdorren, die Kinder in der Wiege martern, die ehelichen Gliedmaßen bezaubern, die da können Dingen eine andere Gestalt geben, daß eine Kuh oder Ochs scheinet, das in Wahrheit ein Mensch ist, und die Leute zur Liebe und Buhlschaft zwingen und des Teufels Dinge viel."

Milchzauber, Wetterzauber, Liebeszauber waren traditionelle Zauberpraktiken, die den Frauen schon vor der Zeit der Hexenprozesse zugeschrieben wurden. Diese Praktiken wurden ursprünglich zum Nutzen, zur Beförderung der Fruchtbarkeit, zur Abwehr von Schaden eingesetzt, konnten aber wie jede Form der Magie auch zum Schaden angewendet werden. Als böse Teufelshuren konnten die Hexen diese Zauberkünste nur in schädigender Absicht anwenden. Die Fähigkeit zur Verursachung von Krankheit, Tod und Unfruchtbarkeit war also vom älteren Heil- und Fruchtbarkeitszauber abgeleitet worden. Einige der Mittel und Rituale, welche die Hexen zur Ausführung dieses Zaubers anwenden sollten, waren allgemein verbreitet, andere waren nur in bestimmten Regionen bekannt.

## Milchdiebinnen und Butterhexen

„Molkentoversche" (Milchzauberin) war im niederdeutschen und niederländischen Sprachraum die allgemeine Bezeichnung für Hexen bis ins 16. Jahrhundert. Gemessen an den tödlichen Bedrohungen, die den Hexen nachgesagt wurden, scheint es sich beim Milchzauber aus heutiger Sicht eher um einen Bagatellschaden zu handeln. Aus der Sicht der Leute, die sich vom diesem Zauber betroffen glaubten, ging es jedoch keineswegs um Geringfügigkeiten, sondern um empfindliche wirtschaftliche Einbußen. Ein Fall aus Neustadt in Thüringen, einer kleinen Gemeinde nahe der Grenze zu Hessen, der 1657 einen Hexenprozeß auslöste, zeigt diese Zusammenhänge sehr deutlich. Margarethe Müller wurde von ihren Nachbarn Valk und Apollonia Schultze verdächtigt, sie durch Milchzauber geschädigt zu haben. Auf die Geschichte der Margarethe Müller werde ich bei der Beschreibung von Hexerei-Verdächtigungen in den Gemeinden zurückkommen. Hier geht es zunächst um die Sicht des Ehepaars Schultze.

Valk Schultze übte das Schreinerhandwerk aus, und seine Ehefrau Apollonia zog zeitweilig mit Kramwaren über die Dörfer bis ins Hessische. Diese Arbeitsteilung des Ehepaares ist typisch für die Frühe Neuzeit. In der Regel übernahmen Frauen in Handwerkerfamilien den Verkauf der Waren, die ihre Männer herstellten, betrieben häufig aber auch eigenständigen Kleinhandel. Das gemeinsame Einkommen von Mann und Frau bildete die Existenzgrundlage einer Familie. Die Einkünfte aus einem Handwerk waren vor allem in den kleinen Landstädten im 17. Jahrhundert so gering, daß die Haushalte auf Erträge aus Viehhaltung und Landwirtschaft angewiesen waren. Die ackerbürgerliche Wirtschaftsweise bestimmte das Leben der Bewohner in den frühneuzeitlichen Städten. Milch und selbst hergestellte Butter wurden nicht nur im eigenen Haushalt verwertet, sondern auch auf dem Markt verkauft. Wenn Kühe trocken standen oder kaum Milch gaben, fielen die notwendigen Einkünfte aus, während weiterhin Kosten für das Futter entstanden. Für Haushalte, die nur über das lebensnotwendige Einkommen verfügten, bedeutete solch eine Situation eine existentielle Bedrohung.

In dieser Lage befanden sich die Schultzens. Mit ihren Kühen hatten sie über Jahre hin kein Glück, die Tiere waren anfällig für Krankheiten und starben ihnen weg, standen oft ganz trocken oder gaben so wenig Milch, daß Apollonia nach eigenen Aussagen davon kaum einen „Brei schmälzen konnte". Dieses gehäufte Unglück mit ihren Kühen überschritt nach Meinung des Ehepaars den Bereich des Normalen, es konnte nicht mit rechten Dingen zugehen. So kam ihnen der Verdacht, daß „Hexen an ihrem Vieh hingen". Sie redeten darüber mit ihren Nachbarn, fragten, was sie tun könnten und beschlossen endlich, bei einem „weisen Mann" Rat zu holen. Er bestätigte ihnen, daß es sich hier nur um Milchzauber handeln könne.

Zauberei wurde in der Regel erst dann vermutet, wenn der Schaden oder die Krankheit das übliche Maß überstieg. Daß Kühe gelegentlich wenig Milch gaben, daß sie unter Einfluß von Krankheiten trocken standen, galt als normal. Wenn so etwas jedoch gehäuft auftrat, sich über Jahre hinweg nicht besserte, dann mußte Hexerei bzw. Zauberei im Spiel sein. Nach diesem Muster wurden auch Schäden in anderen Bereichen gedeutet. Krankheiten oder Todesfälle wurden dann auf Zauberei zurückgeführt, wenn sie nicht „normal" verliefen oder die üblichen Erklärungen nicht befriedigten.

Wie eine Hexe Milchzauber ausführte, zeigt ein Holzschnitt aus der 1516 gedruckten Auflage der „Emeis" (Ameisen) von Geiler von Kaysersberg.
Die „Emeis" umfaßt eine Sammlung von Predigten, die der Geistliche 1508 in der Fastenzeit am Straßburger Münster zum Thema Hexen gehalten hatte. Das nebenstehende Bild, auf dem auch Teufelsbuhlschaft und Wetterzauber dargestellt sind, zeigt im Vordergrund eine

Frau, die eine Axt in den Pfosten des Hauses geschlagen hat, um aus deren Stiel Milch in einen Bottich zu zapfen. Damit entzieht sie der Kuh aus dem Nachbarhaus, die links im Hintergrund zu sehen ist, die Milch. Bei dieser Art von Zauber brauchte sie sich der Kuh nicht zu nähern, sondern nur ihre Gedanken auf das Tier richten.

Im Bild der Milchdiebin sind mehrere magische Vorstellungen vereinigt. Durch die Nachahmung des Melkens (Analogiezauber) soll aus einem Stück Holz Milch fließen. Die Milch wird dabei nicht produziert, sondern einer Kuh entzogen. Dem liegt ein magisches Gesetz zugrunde: Durch Zauber konnte nichts neu erschaffen werden; was jemand durch Zauber erwarb, war an anderer Stelle fortgenommen worden. Umgekehrt bedeutete dies aus der Sicht dessen, der einen Mangel zu beklagen hatte: Was mir fehlt, muß ein anderer – entweder direkt oder durch Zauberei – gestohlen haben. Dahinter stand die in agrarischen Gesellschaften verbreitete Vorstellung von „begrenzten Gütern". Die Erfahrung lehrte, daß das zur Verfügung stehende Land, die Erträge des Landes und die Produkte des Viehs begrenzt und dementsprechend auch die Summe der Güter konstant war. Wer in diesem System mehr erwirtschaftete, konnte dies nur auf Kosten anderer erreichen. Eines Menschen Reichtum bedingte die Armut eines anderen. Mehr als die Nachbarn zu erwirtschaften, war deshalb verdächtig und wurde mit Zauberei in Verbindung gebracht. Hexen wurde unterstellt, sich mittels Zauberei auf Kosten der Nachbarn zu bereichern. Als Motiv der Hexe, ihren Nachbarn zu bestehlen, wurde Neid und Haß angenommen. Diese Erklärung erscheint in zahlreichen Hexenprozessen.

Die Nachbarin der Schultzes, die für den Milchdiebstahl verantwortlich gemacht wurde, bezog sich in ihrer Aussage nicht auf das verbreitete Ritual des Analogiezaubers Milch aus einem Holz zu zapfen. Sie bediente sich der Vorstellung von der Tierverwandlung der Hexen, um die ihr vorgeworfene Tat erklären zu können. Sie behauptete, sie sei nachts in Gestalt einer Katze in den Stall geschlichen und habe der Kuh die Milch ausgesaugt. Sie griff damit eine alte Vorstellung auf, nach der Tiergeister sich an Kühen sattrinken.

Milchzauber gestand auch Anna Gerlach, die 1565 in Hanau mit vier weiteren Frauen wegen Zauberei verhaftet wurde. Sie berichtete, sie sei vom bösen Geist, dem Teufel, nachts in die Viehställe von Hanauer Bürgern geführt worden und hätte die Kühe melken müssen. Damit beschrieb sie, abgesehen von der Figur und Rolle des Teufels, eine realistische Situation: Milchdiebstahl durch heimliches Abmelken fremder Kühe. Der Teufel kann als Personifikation der bösen Gedanken aufgefaßt werden. Es war durchaus üblich, verbotene Handlungen den Einflüsterungen des Teufels zuzuschreiben. Um dem Hexerei-Stereotyp zu entsprechen, fügte die Angeklagte hinzu, sie habe die Milch durch „ein rund Hölzlein" gemolken. Außerdem habe auch der böse Geist die Kühe gemolken, was dann die Ursache für den Tod des Tieres gewesen sei.

Eng mit dem Milchzauber hing der Butterzauber zusammen. Catharina Staudinger aus Marburg wurde von ihrer Nachbarin unterstellt, sie habe ihr den Rahm von der Milch gestohlen. Die Erfahrung, daß es ihr über vier Wochen nicht gelang, Butter zu produzieren, während die Staudinger immer genug Butter hatte, brachte sie auf diesen Gedanken. Hier wird das gleiche Deutungsmuster wie beim Milchzauber verwendet.

Daneben gab es die Vorstellung, daß böse Geister oder Hexen den Vorgang des Butterns stören könnten, so wie alle Veränderungs- und Umwandlungsprozesse in der Nahrungsherstellung von Einflüssen der Dämonen und Hexen bedroht seien und durch deren Einwirkung scheitern könnten. Auch für das Bierbrauen galt diese Vorstellung. Daher mußten bei der Arbeit besondere Vorkehrungen gegen Hexerei getroffen werden. Eine Möglichkeit des Abwehrzaubers beim Buttern bestand darin, die Hexen und Geister durch das Zeigen des nackten Gesäßes abzuschrecken und sie damit zu bannen. Entsprechend wurde bei der Herstellung von Butter und Käse und beim Bierbrauen Magie angewendet, die zum Gelingen des Arbeitprozesses beitragen und gute Erträge sichern sollte. Die 1523 in Winterberg (Herzogtum Westfalen) der Zauberei angeklagte Keppesche beschrieb ein magisches Ritual, das sie bei der Herstellung von Butter und Käse anwende. Die Schultesche habe sie gelehrt, sie solle an drei Donnerstagabenden (der Donnerstag, ein alter Feiertag zu Ehren des Gottes Donar, galt als Versammlungstag der Hexen) eine Pfeife aus Holunder schneiden und dies in Teufels Namen tun. In diese Pfeife solle sie Milch füllen, diese über das Futter der Kühe schütten und anschließend die Pfeife in das Butterfaß werfen. Dieses Zauberritual solle bewirken, daß sie stets genug Butter und Käse habe.

Die Handlung erinnert an zahlreiche ähnliche Rituale, durch die das Gelingen von Arbeitsprozessen gewährleistet werden sollte. Dabei wurden vorgeschriebene Gesten mit Segenssprüchen und der Anrufung von Heiligen oder der Dreifaltigkeit verbunden. In Hexenprozessen beschrieben die Angeklagten solche Praktiken, unter dem Druck der Folter und den Erwartungen der verhörenden Gerichtspersonen, als teuflischen Zauber. Um dem Hexerei-Stereotyp zu entsprechen, gaben sie an, die Hilfe des Teufels angerufen zu haben. Diesem Muster folgt auch das Geständnis der 1523 angeklagten Adelheid Ebbinghofen aus Winterberg. Sie beschreibt den Milchzauber, den sie durch Gertrud Hasken gelernt habe, folgendermaßen: Sie sollte die Kühe in des Teufels Namen auf die Weide treiben, in des Teufels Namen melken und die Milch in Teufels Namen in das Butterfaß gießen. So würde sie Milch und Käse genug haben. Die Vorstellung, daß der Teufel den Hexen beim Buttern helfe, findet sich auch auf Wandmalereien, die zwischen 1450 und 1542 in dänischen Kirchen entstanden. Die Teufel stehen hinter und neben den Frauen am Butterfaß und kennzeichnen sie dadurch als Butterhexen.

Der Bezug des Hexenbildes zur Lebenswirklichkeit von Frauen läßt sich bei den Milchdiebinnen und Butterhexen konkret aus der Zuständigkeit der Frauen für die Milchwirtschaft erklären. Dies war ein Arbeits- und Erwerbsbereich der Frauen, sie fütterten und melkten die Kühe, verarbeiteten die Milch weiter zu Butter und Käse. Schäden in diesem Bereich wurden daher Frauen angelastet. Über den Verkauf von Milchprodukten auf dem Markt erwirtschafteten Frauen eigenes Einkommen. Aus der Konkurrenz mit anderen Frauen ergaben sich Konflikte, die zu Streit und Hexerei-Vorwürfen führten. Hier war der Neid auf diejenigen, die mehr produzierten und verkauften, die Ursache für Anspielungen auf Zauberei. Weil Margarethe Müller mehr Butter verkaufte als ihre Nachbarinnen, war sie gehässigen Bemerkungen ausgesetzt, sie müsse wohl eine Hexe sein. Zu ihrer Rechtfertigung hielt sie ihren Neiderinnen entgegen, das sei Gottes Segen, und sie habe eben Glück. Mit dieser Erklärung konnte sie jedoch die Frauen nicht überzeugen, denn sie wußten, daß die Kuh ihrer Nachbarin Apollonia Schultze zu wenig Milch gab. Margarethe Müllers „Glück" und das „Unglück" der Nachbarin wurden miteinander in Verbindung gebracht.

*Wetterhexen*

Im Gegensatz zum Milchzauber, der von einer einzelnen Hexe ausgeführt wurde und den einzelnen Nachbarn schädigte, galt Wetterzauber als ein Gruppendelikt, durch das viele Menschen ins Unglück gestürzt werden könnten. Beim Wettermachen agierten mehrere Hexen gemeinsam. Da durch Unwetter ganze Landstriche verwüstet werden konnten, galten Wetterhexen als besonders gefährlich. Wetterzaubervorwürfe hatten eine besondere Dynamik. Die verdächtigten Frauen zogen die Verfolgungswut mehrerer Gemeinden auf sich, und die Prozesse, in denen Wetterzauber zur Anklage kam, waren oft Massenprozesse. Während die Vorstellung von den wettermachenden Frauen, den Wetter- und Gewitterhexen, allgemeiner Bestandteil des Hexenglaubens war, beschränkten sich die Hexenprozesse gegen Wettermacherinnen auf bestimmte Regionen. In Süddeutschland und den Alpenländern war Wetterzauber ein stereotyper Bestandteil der Hexereianklagen, in Norddeutschland gehörte Wetterzauber zu den Ausnahmen. Vor allem in Gebieten, in denen die Bewohner auf Wein- und Obstbau, also besonders witterungsempfimdliche Kulturen, spezialisiert waren, wurde Wetterzauber gefürchtet. Durch Hagelschlag oder späten Frost konnte die gesamte Ernte vernichtet werden, Verschuldung und wirtschaftlicher Ruin drohten vor allem den kleinen Bauern. Für die vom Wein- oder Obstbau lebende Bevölkerung war die Wetterhexe eine Gestalt, in der sich ihre wirtschaftliche Unsicherheit und existentielle Bedrohung verkörperte. Hexenprozesse, in denen Wetterzauber zur Anklage kam, waren häufig Ausdruck wirtschaftlicher Notlagen und sozialer Spannungen, die nach mehreren schlechten Ernten entstanden.

Wie die Hexen Wetterzauber ausübten, zeigt ein Holzschnitt aus der 1490 in Ulm gedruckten Ausgabe des Traktats „Von den bösen Weibern, die man nennet Hexen". Diese Abhandlung, die der Rechtsgelehrte Ulrich Molitor im Auftrag des Erzherzogs Sigismund von Österreich verfaßt hatte, wurde um die Wende zum 16. Jahrhundert in mehreren Auflagen gedruckt. Die anonymen Holzschnitte wurden als Illustrationen von den jeweiligen Druckerwerkstätten beigefügt. Sie zeigen die Hexen bei der Ausführung des Schadenzaubers, obwohl der Autor argumentiert, die Frauen könnten von sich aus nichts bewirken, es sei der Teufel, der schädige, und die Frauen glaubten nur, den Schaden zu bewirken.

Zwei Hexen sieden Hagel, Anonymer Holzschnitt zu Ulrich Molitor:
Tractatus von bösen Weibern, die man nennet die hexen. Ulm 1490/91

Die beiden wetterbrauenden Hexen unterscheiden sich durch ihr Äußeres nicht von „normalen" Frauen. Sie tragen die in der Frühen Neuzeit für Ehefrauen und Witwen typische Kopfbedeckung. Der Schlüsselbund am Gürtel ist Zeichen ihres Hausfrauenstatus, der Schlüsselgewalt im Haushalt. Damit wird deutlich gemacht, daß jede Frau eine Hexe sein könne und Hexen nicht durch Äußerlichkeiten zu erkennen seien. Der Hahn und die Schlange, die sie in den Topf auf dem Feuer geben, sind die Tiere, die traditionell für magische Handlungen benutzt wurden. Sie sind Symbole der Fruchtbarkeit und der Wandlung. Die Schlange steht außerdem für den Teufel, der in dieser Gestalt bereits im Paradies des Alten Testaments auftritt. Der aus dem Topf aufsteigende Dampf bildet die Wolke, aus der der Hagel herabfällt. Das Bild greift die verbreitete Vorstellung vom „Hagelsieden" auf.

Die in Hexenprozessen angeklagten Frauen beschreiben ähnliche Wetterzauber-Praktiken. 1565 gestanden Marga Bregel und Anna Gerlach, die in Hanau der Zauberei angeklagt wurden, sie hätten Ende April 1564 auf Anraten des Teufels zusammen mit Elß Gott und Anna Gott ein Wetter gemacht, wovon die Weingärten erfroren seien. Während Anna Gerlach aussagte, sie hätten ein Feuer aus Reisig, Holz und Laub entzündet, dessen Rauch über die Weingärten und andere Früchte, die sie verderben wollten, gezogen sei, sprach Marga Bregel von einem Topf, in dem sie etwas auf dem Feuer gesotten hätten, wodurch das Wetter entstanden sei. Gelegentlich war der Wetterzauber von Tänzen um das Feuer begleitet, in deren Verlauf der Topf mit der Flüssigkeit umgestoßen werden mußte, damit der Zauber wirksam wurde.

Barbara Kurzhalsin aus Reichertshofen in Bayern gestand 1629, sie habe gemeinsam mit anderen Frauen Pulver und Salben, die ihnen der Teufel gebracht habe, unter Zitieren von Teufelsbeschwörungen in ein Feuer geworfen. Darauf sei ein Hagelwetter aufgezogen. Frost zur Vernichtung der Ernte hätten sie auf andere Weise erzeugt. Sie hätten eine Grube ausgehoben, das teuflische Pulver hineingeschüttet, darauf uriniert und folgenden Zauberspruch dazu gesagt: „Da brunz ich hinein in Teufels Namen, daß ein Reif daraus werde, so Obst und Getreid verderbe." Der Urin der Hexen spielte auch beim Hagelsieden eine Rolle, in einer Mischung aus Urin und Wasser wurden unterschiedliche Ingredienzien im Topf gesotten.

Eine Zauberpraxis, die auch von einzelnen Frauen durchgeführt werden konnte, beschreibt der Straßburger Domprediger Geiler von Kaysersberg in seinen Fastenpredigten. Die Hexe steige in einen Bach, werfe mit einem Besen Wasser über ihren Kopf in die Lüfte und erzeuge so das Unwetter.

Allen Wetterzauber-Praktiken lag die Vorstellung zugrunde, daß durch Nachahmung der Vorgänge in der Natur Einfluß auf die Witterung genommen werden könne. Der aus dem Topf aufsteigende Dampf vollzog den Vorgang der Wolkenbildung nach. Im Ausschütten des Topfes, Hochwerfen des Wassers und auch im Urinieren wurde der Vorgang des Regnens als Analogiezauber vollzogen. In diesen Ritualen hatten sich sehr alte Vorstellungen von Wettergeistern erhalten, die in Kesseln das Wetter brauten und auf die Erde gossen. Noch heute reden wir vom Unwetter, das sich zusammenbraut.

Rituale und Praktiken zur Beeinflussung des Wetters wurden in der Frühen Neuzeit nicht nur den Hexen zugeschrieben, sie gehörten allgemein zum christlich-magischen Repertoire der ländlichen Gesellschaft. Durch kirchliche Feldprozessionen und „Wetterläuten" wurde der göttliche Segen für die Fruchtbarkeit der Äcker beschworen. Das Läuten der Kirchenglocken sollte – sowohl durch den Lärm wie auch durch die Kraft der geweihten Glocken – Wetterdämonen und Hexen vertreiben und damit das Unwetter bzw. den Schaden abwenden. Auf sogenannten Hagelfeiern wurden zum Schutz gegen Hagelschlag Feuer entzündet, deren Rauch das Unwetter bzw. die Dämonen vertreiben sollte. Wetterläuten und Hagelfeiern folgten dem Muster des „Gegenzaubers". In protestantischen Kirchenordnungen wurden diese Bräuche bereits im 16. Jahrhundert verboten und im Verlauf des 17. Jahrhunderts auch von der katholischen Kirche als abergläubische Praktiken abgelehnt. In manchen Gegenden Deutschlands hielten sie sich jedoch bis ins 19. Jahrhundert hinein.

Wenn Anna Gerlach und Marga Bregel aus Hanau berichteten, sie hätten unter Anleitung des bösen Geistes ein Feuer gemacht, um Unwetter über die Weinberge zu bringen, beschrieben sie das Ritual der Hagelfeiern mit umgekehrter Wirkung. Die Angeklagten wußten, daß Hexerei in der Verkehrung von Heil in Unheil bestand. Sie beschrieben Fruchtbarkeitsrituale und christliche Magie, deren Wirkung mit Hilfe teuflischer Kräfte ins Gegenteil verkehrt worden war. Statt Fruchtbarkeit zu bringen, verwüsteten Hexen die Äcker. Aus einem frühen Hexenprozeß im Herzogtum Westfalen läßt sich deutlich erkennen, daß Wetterzauber an die Praxis des Wettersegens anknüpfte, und diese im Sinne des Hexenmusters pervertierte. Adelheid Ebbinghofen aus Winterberg bekannte 1523, daß sie zusammen mit Gertrud Hasken und Katharina Herde einen großen Regen machen wollte, weil er bis dahin nicht gekommen wäre. Weil daran nichts Bedrohliches oder Schädigendes war, mußte sie dieses Ritual im Sinne des Hexerei-Stereotyps mit dem Teufel in Verbindung bringen und behaupten, sie hätten es beim Hexentanz mit den Teufeln zelebriert.

Fruchtbarkeits- und Regenzauber hatten in der bäuerlichen Gesellschaft Tradition. Diejenigen Gebräuche, die auf vorchristliche Praktiken zurückgingen, wurden seit dem Mittelalter von der Kirche als „abergläubische" oder „heidnische" Praktiken verboten. Der Bischof Burchard von Worms verfaßte zu Beginn des 11. Jahrhunderts einen Fragekatalog für Bußpriester, der u. a. auch Fragen enthielt, die sich auf magische Praktiken bezogen. Einige davon waren speziell an Frauen gerichtet, eingeleitet mit der Formel: „Hast du getan, was Frauen häufig machen?" Hieraus läßt sich schließen, daß es in der bäuerlichen Gesellschaft des Mittelalters zu den Aufgaben der Frauen gehörte, den für das Gedeihen der Feldfrüchte nötigen Regen herbeizuzaubern. Die Rituale waren Gruppenaktivitäten. So wird beschrieben, daß aus der Gruppe der unverheirateten jungen Mädchen eins ausgewählt und von den anderen unter Gesängen nackt zum Bach geführt wurde, wo sie mit Ruten auf das Wasser schlugen und das Mädchen bespritzten.

Die Einflußnahme auf das Wetter war noch im 17. Jahrhundert in Norditalien Frauensache. In Friaul wurde Frauen die Macht zugeschrieben, durch die „Magie ihres Körpers" auf die Witterung einwirken zu können. Wenn sie ihr Gesäß oder ihre Genitalien entblößten, dem Himmel zuwendeten und dazu Zaubersprüche sagten (die nur unter Frauen im Geheimen weitergegeben wurden), sollten heraufziehende Gewitterstürme gestillt oder fruchtbarer Regen herabbeschworen werden. Das nackte Gesäß zu zeigen war eine verbreitete Art des Abwehrzaubers, wie wir bereits beim Butterzauber gesehen haben.

Unter den Gelehrten war Wetterzauber ein äußerst strittiger Punkt. So argumentierte Geiler von Kaysersberg, „Wasser mit dem Besen hinter sich werfen und Zaubersprüche dazu sagen, macht den Hagel nicht, sondern der Teufel, der dieses Ritual sieht". Ein weiteres Erklärungsstereotyp in theologischen Hexentraktaten lautete: Der Teufel weiß in Voraussicht, wann ein Unwetter heraufzieht, er flüstert den Hexen ein, den Wetterzauber zu vollziehen und macht sie glauben, sie hätten es bewirkt. Hier wird deutlich, daß die Gelehrten von der Realität der Zauberpraktiken ausgingen. Sie sahen in den Hexen Frauen, die von ihrer Zauberkraft überzeugt waren und Rituale in schädigender Absicht ausübten. Für diese Absicht sollten sie bestraft werden, so wie andere Straftäter auch, die vor Ausübung der Tat gefaßt wurden.

## Die Krankheit und Tod bringende Zauberin

Am Freitag vor Pfingsten 1602 wurde Ilse Richt, die Ehefrau des Totengräbers in der Stadt Horn (Grafschaft Lippe) nach eigenen Aussagen Opfer des Angriffs einer „Zauberschen". Als sie aus ihrem Haus am Kirchplatz trat, um Hemden zum Trocknen aufzuhängen, sah sie die Witwe Grone auf dem Weg zur Kirche vorübergehen. Ilse Richt legte einen Stein auf die Schwelle, damit die Tür offenbliebe, und während sie sich aufrichtete, bemerkte sie, daß die Grone, die bereits das Haus des Schulmeisters passiert hatte, umkehrte. Ehe die Totengräbersche sich versah, war die Grone vor dem Hause und spuckte mit den Worten „Du ehrloser Schandsack" vor ihr aus. Ilse Richt fielen die Hemden, die sie über dem Arm trug, zu Boden, der Arm sank kraftlos herab, die Stimme versagte ihren Dienst, und sie fühlte sich wie eine Tote. Dann spürte sie „etwas" durch ihre linke Seite, den Leib, die Arme und die Beine laufen. Von diesem Augenblick an wurde sie von einer Krankheit mit Schmerzen und Taubheitsgefühlen geplagt, die über ein Jahr lang anhielt. In ihrem Bericht, den die Totengräbersche vor dem Horner Rat abgab, ging es ihr darum, die Grone als „Zaubersche" und das Geschehen als magischen Angriff hinzustellen, wie es wohl auch ihrer Überzeugung entsprach. Aus der Sicht der Grone sah die Begegnung anders aus, die Beschimpfung als „Schandsack" und das Ausspucken waren Ausdruck ihrer moralischen Empörung darüber, daß Ilse Richt angeblich ein ehebrecherisches Verhältnis mit Johann Toitman hatte. Der Angriff, den Ilse Richt beschreibt, entspricht den Vorstellungen vom Hexenschuß: ein Begriff, den wir noch heute für eine plötzlich auftretende schmerzhafte Bewegungsunfähigkeit verwenden. Den Hexen wurde nachgesagt, sie könnten ihren Mitmenschen Krankheiten in die Glieder schießen.

Auf dem Holzschnitt aus Ulrich Molitors Traktat „Von den bösen Weibern..." wird dieser Schadenzauber als ein realer Schuß mit Pfeil und Bogen dargestellt. Die Waffe symbolisiert die von der Hexe eingesetzten Worte, Gedanken oder Blicke, mit denen sie „kränkte". Das „Opfer" ist hier ein Mann, der durch den Schuß von einer plötzlichen Lähmung befallen wird. Solche Abbildungen erweckten den Eindruck, die Hexen seien hauptsächlich die Feinde der Männer, die Wirklichkeit sah jedoch anders aus. Der Vorfall zwischen Ilse Richt und der Grone war kein Sonderfall. Streitigkeiten unter Frauen waren häufig der Anlaß für Schadenzauber-Vorwürfe in den Gemeinden.

Aus Ulrich Molitors Traktat „Von bösen Weibern ...“

Die Vorstellung, daß Hexen die Leute schießen, lähmen und verdorren – wie Luther es ausdrückte –, sagt etwas über die Art der Krankheiten aus, die auf Zauberei zurückgeführt wurden: Schmerzen und Lähmungserscheinungen, Krankheiten, die den Menschen urplötzlich durch die Glieder fuhren oder bei denen durch langsames Dahinsiechen die Lebenskräfte schwanden. Die Bezeichnung „verdorren" enthält das Bild des Austrocknens. Man glaubte, daß die Hexe ihrem „Opfer" langsam den Lebenssaft entzog, daß die Alte sich von den Säften der Jungen nährte. Im Vampirismus lebt diese Vorstellung bis heute. Wie beim Milchzauber war auch in diesem Fall Schadenzauber als Diebstahl gedacht. Statt der Milch stahl die Hexe Lebenssaft, Vitalität. In beiden Fällen nährte sie sich auf Kosten anderer.

Auf Hexerei wurden außerdem solche Krankheiten zurückgeführt, bei denen alle Kuren versagten, die unnatürlich erschienen, den Körper auf ungewöhnliche Weise verunstalteten, ihn verfärbten und schwarz werden ließen. Würmer und Ungeziefer, die aus Körperöffnungen kamen, wurden mit Hexen in Verbindung gebracht. Zeugen in Hexenprozessen berichteten sogar, daß den Kranken Eidechsen aus dem Leib gekrochen seien. Auch Viehsterben wurde den Hexen angelastet, Schlangen und Kröten, die der Abdecker im Inneren der Tiere fand, galten als Beweise für Schadenzauber. Daneben gab es von Region zu Region unterschiedliche Vorstellungen darüber, was Hexen anzulasten sei. In der Grafschaft Lippe wurde im 16. Jahrhundert Blindheit, die bei Kindern und Jugendlichen in Verbindung mit Erkrankungen auftrat, als Folge von Zauberei gedeutet.

Es war nicht nur die Art der Krankheit, die den Zaubereiverdacht aufkommen ließ, sondern auch die Umstände, unter denen sie ausbrach. Für Ilse Richt war es eindeutig, daß die Grone ihr durch das Ausspucken und mit der Kraft der Schmähworte die Krankheit in den Leib gebracht hatte. „Den Teufel in den Leib fluchen" war eine gängige Bezeichnung für Verhexung, und dem Speichel der Hexe wurde ebenfalls magische Kraft zugeschrieben. Als Cort Sivers aus Tundern (Herzogtum Calenberg-Göttingen) elendig krank lag und wissen wollte, wer es ihm „angetan" hätte, vermutete die Walterbergsche, daß eine „böse Haut" – eine übliche Bezeichnung für Hexen – ihm die Krankheit auf einem Kreuzweg in die Fußspur gespien habe.

Auch Catharina Staudinger aus Marburg wurde vorgeworfen, Menschen gelähmt zu haben. In ihrem Fall waren es Berührungen, die solche Wirkungen ausgelöst haben sollten. Die siebzehnjährige Elisabeth Hauck war nach ihren eigenen Aussagen von der Staudinger überredet worden, mit in deren Garten außerhalb der Stadt zu gehen. Die alte Frau hatte ihr angeboten, sie könne dort Fallobst aufsammeln. Im Garten angekommen, bat die Staudinger das Mädchen, sie zu lausen. Kopf- und Kleiderläuse waren offensichtlich keine Seltenheit. Während Elisabeth der Staudinger die Kopfläuse absuchte, legte die Frau ihr die Hände an die Hüften. Wenig später bekam das Mädchen Schmerzen in der Hüfte und Lähmungserscheinungen in den Beinen.

Der Bäckergeselle Schmitt hatte im Hof des Brauhauses Holz gehackt, als Catharina Staudinger mit einem Korb voll Maische auf dem Kopf über den Hof ging und den jungen Mann bat, ihr die Hand zu reichen, damit sie sicher über das herumliegende Holz steigen konnte. Auf diese Berührung führte der Geselle die kurz darauf auftretenden Schmerzen und Lähmungserscheinungen in seinen Beinen zurück. Auch die Tochter des Apothekers Mathias Schrott war von der Staudinger angefaßt worden, als sie ihr auf der Gasse begegnete. Die alte Frau war ausgeglitten und hatte den Arm des Mädchens ergriffen, um nicht zu stürzen. Als das Mädchen am Abend Schmerzen im Arm und Fieber bekam, stand für sie und ihre Eltern fest, daß die Staudinger sie verhext hätte, und ihr Ausgleiten nur ein heimtückischer Vorwand gewesen sei, um das Mädchen schädigen zu können.

Die Vorstellung, daß Hexen durch Berührung und Zaubersprüche Menschen und Vieh krank machten, knüpfte an gängige Heilpraktiken an und kehrte sie entsprechend dem Hexereimuster um. Geheilt wurde durch Berührung, durch Handauflegen in Verbindung mit Segensprüchen. Über Gliedmaßen zu streichen und damit die Krankheit aus dem Körper zu ziehen, war eine allgemein übliche Praxis.

Eine Hexe lähmte ihre Opfer jedoch nicht nur in unmittelbarer Konfrontation durch „Schießen". Auch ohne selbst anwesend zu sein, konnte sie Menschen krank machen, indem sie durch Zauberei die Hausschwellen oder andere Orte, an denen sich Menschen aufhielten, magischen Einflüssen aussetzte. Beim Überschreiten fuhr denen, die sie schädigen wollte, die Lähmung in den Körper.

Die Magd Anna aus Holzhausen (Amt Ringenberg) berichtete 1572 als Zeugin im Prozeß gegen die Neumeiersche, ihr sei beim Überschreiten der Schwelle des Neumeierschen Hauses plötzlich ein Schmerz in die Beine geschossen, daß sie sich sofort hätte niedersetzen müssen und später nur unter höchster Kraftanstrengung gehen konnte. Ihre Herrin, die Neumeiersche, hatte nach dem Ausfegen der Stube den Kehricht auf der Schwelle liegen lassen. Damit hatte sie den Einfluß böser Geister beschworen, deren Angriff die Magd sich ausgesetzt fühlte. Es war wohl nicht nur das Wissen um die Wirkungen des Schwellenzaubers, das die Magd zu ihrer Interpretation des Vorgangs brachte. Sie hatte den Dienst bei der Neumeierschen quittiert und eine Stelle auf dem Herrenhof des Junkers von der Burck angenommen. Später war sie noch einmal auf den Neumeierschen Hof gekommen, um ihre persönliche Habe abzuholen. Die Hausfrau bot ihr zum Abschied einen Trunk warmen Biers an. Anna hatte wohl ein schlechtes Gewissen wegen der Aufkündigung ihrer Dienste und unterstellte der Neumeierschen Rachegedanken, deshalb zögerte sie auch zunächst, das Bier zu trinken. Ihre Ängste, die Wirkung des Alkohols und der Glaube, daß der Kehricht auf der Schwelle dämonische Kräfte mobilisiere, verursachten vermutlich den „Schwächeanfall".

Schwellenzauber konnte durch Vergraben von Zaubertöpfen unter der Schwelle oder, wie bei der Neumeierschen, durch Liegenlassen des Kehrichts oder Ausschütten von Flüssigkeiten auf die Schwelle verübt werden. 1562 gestand die Sibergsche aus Hildesheim, sie habe die Kinder ihrer Nachbarin, der Möllerschen, krank gemacht, indem sie einen Sud aus Holunderblättern und Hühnerblut vor die Tür des Nachbarhauses gegossen und dabei gewünscht habe, daß dem ersten, der die Schwelle überschritte, „nimmermehr guts geschehe".

Wie andere Schadenzauberpraktiken war auch der von Hexen verübte Schwellenzauber eine Maßnahme, die Gutes in Böses verkehrte. Es gab positiven Schwellenzauber, der das Haus und seine Bewohner schützen, den Segen guter Geister beschwören und die bösen Geister

abwehren sollte. Noch in heutigen Gebräuchen, Huf-
eisen, Kränze und Zweige über Türen aufzuhängen,
sind magische Mittel zum Schutz der Schwelle
wiederzuerkennen., Den Hexen wurde unterstellt, daß
sie unter der Schwelle des Hauses oder des Viehstalls
Zaubertöpfe vergruben, die mit Haaren, Finger- und
Fußnägeln, Fett, Knochen, Milch und Exkrementen ge-
füllt seien. Die Töpfe sollten nicht nur Lähmungen und
Beinbrüche, sondern auch langsames „Verdorren", d. h.
anhaltendes Unglück, wirtschaftlichen Niedergang und
Tod bewirken, indem sie das Haus den Einflüssen von
Dämonen öffneten, die sich von den Lebenskräften der
Bewohner und ihrem Besitz nährten. Im Winterberger
Prozeß von 1523 berichteten Gertrud Hasken und Adel-
heid Ebbinghofen, der Teufel habe sie gelehrt, Schwei-
neborsten und Menschenknochen unter anderer Leute
Schwelle zu vergraben, um ihnen damit den Tod ins
Haus zu bringen.

Bei den Zaubertöpfen sollten die Materie und die magischen Kräfte, welche die Hexen bei der Zubereitung ein-
setzten, zusammenwirken. Nach dem gleichen Prinzip
verursachten „Gifte", welche die Hexe ihrem „Opfer" in
die Nahrung mischte oder an den Körper strich, Krankheiten. Die als Hexen angeklagten Frauen sprachen von
Pulvern, Salben, Tränken, Kräutern oder einfach von
„Materie", die sie in Bier, Suppen, Milch oder unter das
Viehfutter gemischt hätten, um Menschen und Vieh zu
töten oder krank zu machen. Giftmischerei war traditionell eng mit Zauberei verknüpft, denn die „Kunst" bestand im magischen Wissen um die Zubereitung der Materie, in der Kenntnis des Stoffs und der Zauberformeln
und Rituale, mit denen die schadenstiftenden Kräfte in
die Materie eingegeben wurden. Ob eine Materie heilte
oder vergiftete, hing real von der Dosierung der Stoffe ab

und, nach magischen Vorstellungen, von der beigegebenen Kraft des Wortes und der Gedanken.

Was eine Hexe einem anderen Menschen gab, war deshalb tödlich, weil sie es, in übelwollender Absicht überreicht, mit der Kraft des bösen Wunsches vergiftet hatte. In der sprachlichen Verwandtschaft von Gabe und Gift wird dieser Zusammenhang deutlich. Durch Zauber Krankheiten verursachen hieß im niederdeutschen Sprachraum „vergeben", d. h. in mißgünstiger, schädigender Absicht geben. Was gegeben wurde, hieß „Vergift". Im englischen Wort „gift" für Gabe, Geschenk ist die ursprüngliche Bedeutung noch erhalten. Die Rezepte, die in einigen Fällen genannt werden, zeigen, daß tatsächlich giftige Substanzen, häufig Tiere, verarbeitet wurden, deren Wirkung jedoch nicht ausgereicht hätte, einen Menschen zu töten. Es war die symbolische Bedeutung eines Tieres, wie der Kröte oder des Salamanders oder Molches, die zusammen mit dem Gift, das sie in ihren Drüsen unter der Haut tragen, ihre Zauberwirkung ausmachte. Solche Tiere waren dem Teufel zugeordnet.

Auch wenn Hexen mit einem Apfel, den sie ihrem Opfer schenkten, schädigten, mußte dieser Apfel nicht materiell vergiftet sein. Er war tödlich, weil die Hexe den ursprünglich mit dem Apfel verbundenen Liebeszauber pervertierte und weil in ihm symbolisch der erste Sündenfall und die nachfolgende Strafe der Sterblichkeit des Menschen verkörpert war. Der Apfel, als Gift der bösen Stiefmutter aus dem Märchen Schneewittchen bekannt, war ein Schadenzaubermittel, das in Hexengeständnissen häufig genannt wurde. Es war für Frauen riskant, Kindern Äpfel zu schenken. Lähmungen, Erblindung und Tod von Kindern wurden vor allem im niederdeutschen

Raum auf den Verzehr von Äpfeln zurückgeführt, die sie von einer Frau bekommen hatten.

Die Analogie zum Heilzauber ist bei Schadenzauber durch Vergiftung eindeutig. Auch Heilmittel wirkten nicht einfach aufgrund ihrer Zusammensetzung, zur Heilung gehörten magische Formeln, Segensprüche, die Kraft des Wortes und des Wünschens. Durch die Macht der Gedanken und die Symbolik der Heilmittel wurde bewirkt, daß Materie sich in heilende Kraft umwandelte. Diese Vorstellung liegt auch christlichen Ritualen, der Wandlung in der Messe oder der Kraft, die geweihten Gegenständen zugeschrieben wurde, zugrunde.

Das Bild der Hexe als einer Zauberin, die Krankeit und Tod verursachte, ist nicht einfach als Verunglimpfung heilkundiger Frauen zu verstehen. Solche Vorstellungen von weiblichem Schadenzauber konnten nur kollektiv wirken, weil sie an Arbeitsbereiche aller Frauen und an Rollentraditionen anknüpften: Krankenpflege, Nahrungszubereitung und den Status der Frau im Haus. Kranke zu pflegen und zu versorgen gehörte allgemein zu den häuslichen Aufgaben der Frau. Sie kannten die Wirkung von Heilpflanzen, Segensprüchen und Rezepturen. „Hausrezepte" wurden innerhalb der Sippe unter Frauen weitergegeben, von den Müttern an die Töchter oder Schwiegertöchter. Es lag daher nahe, daß Frauen, die für Kranke verantwortlich waren, prinzipiell auch für Krankheiten verantwortlich gemacht wurden.

Ähnliches gilt für den Arbeitsbereich der Nahrungsherstellung. Wenn sich jemand nach dem Verzehr von Speisen krank fühlte, fiel der Verdacht auf die Frau, welche die Speise zubereitet hatte. Verdorbene Nahrung konnte real krank machen. Darüber hinaus waren die Arbeitsprozesse der Nahrungsherstellung und -zubereitung eng mit Magie verbunden. Beim Gären, Brauen, Kochen, Konservieren vollzogen sich Umwandlungsprozesse, die als magisch galten. Die Wandlungsprozesse waren Einflüssen von Geistern ausgesetzt, die das Gelingen stören konnten. Beim Butterzauber ist dies bereits deutlich geworden. Wenn angeklagte Frauen gestanden, sie hätten Leute „mit warmen Bier vergeben", dem sie Kräuter beigefügt hätten, bezogen sie sich auf eine reale Praxis. Dem Bier wurden Kräuter zugesetzt, um den Geschmack zu verbessern und die berauschende Wirkung des Getränks zu erhöhen. Bierbrauen im häuslichem Bereich für den Eigenbedarf war Frauenarbeit.

Die Umwandlung von Materie in Energie, die schädigen sollte, vollzog sich in Töpfen, Arbeitsmitteln von Frauen. Der Begriff „Hexenküche" verweist auf diese Zusammenhänge. Die Vorstellungen von Zaubertöpfen unter der Schwelle, aber auch beim Brauen von Wetter gaben diesem Schadenzauber einen konkreten Bezug zur Frauenarbeit. Was sie in Töpfen brauten und kochten, konnte nähren oder vergiften. Töpfe gehörten neben dem Bettzeug zum weiblichen Erbe, dem „Gradgut", das an die Töchter weitergegeben wurde. Außerdem waren Töpfe traditionelle Symbole des weiblichen Körpers. Schwangerschaft wurde als ein „magischer" Wandlungsprozeß gesehen, der sich im Gefäß des Körpers vollzog.

Zauber, der die Schwelle des Hauses schützte, war Aufgabe der Frau und stand in enger Beziehung zu ihrer Rolle im Haus. Das Haus war der Herrschaftsbereich der Ehefrau, sie verwaltete die Vorräte, hatte die Schlüsselgewalt, Kinder und Gesinde unterstanden ihr. Ihr Ruf bestimmte maßgeblich die Ehre des Hauses. Insofern war sie auch in symbolischer Hinsicht die „Hüterin der

Schwelle", die Sorge dafür trug, schädigende Einflüsse fernzuhalten.

## Die Kinderfresserin

Nicht nur das Bild der Märchenhexe ist mit der Vorstellung vom Kinderfressen verbunden, auch den als Hexen verfolgten Frauen wurden solche Greueltaten nachgesagt. Frauen, die Säuglinge in Kessel über dem Feuer warfen oder kleine Kinder direkt im Feuer brieten, sind auf Bildern, mit denen die Titelblätter gelehrter Abhandlungen über Hexen illustriert waren, zu sehen.

Die Hexe, die Hänsel braten wollte, hat hier ihre Vorbilder. Im „Hexenhammer" wurde den Hebammen unterstellt, daß sie die neugeborenen ungetauften Kinder dem Teufel übergäben, aus getöteten Kindern Salbe zubereiteten oder gar Kinder fräßen. In der 1627 gedruckten „Druten Zeitung" wird über eine Hebamme aus Freudenberg in Franken berichtet, die im Verhör gestanden hatte, neugeborene Kinder getötet, in einem Kessel mit Wasser gekocht und gemeinsam mit dem Teufel verspeist zu haben. Den Müttern habe sie dafür einen „Wechselbalg", ein Teufelskind, in die Wiege gelegt. Den Sud von den gekochten Kindern hätte sie auf Wege und Schwellen ausgeschüttet und dadurch Menschen lahm gemacht.

Kindstötung zu rituellen Zwecken wurde bereits den ersten Christen, dann den Ketzern, vor allem den Templern und den Katharern und, bis in die jüngste Vergangenheit, den Juden unterstellt. Mit der Übertragung der Sabbatvorstellungen auf die Hexen und der Übernahme alter Mythen wie den Geschichten vom Wechselbalg, entstand das Bild der Kinderfeindin und Kinderfresserin. Solche Stereotype wurden nicht nur von den als Hexen

# TRACTAT
## Von Bekanntnuß der Zauberer vnd Hexen. Ob vnd wie viel denselben zu glauben.

Anfängklich durch den Hochwürdigen Herrn Petrum Binsfeldium, Trierischen Suffraganten/vnd der H. Schrifft Doctorn/kurtz vnd summarischer Weiß in Latein beschrieben.

Jetzt aber der Warheit zu stewr in vnser Teutsche Sprach vertiret/durch den Wolgelerten M. Bernhart Vogel/deß löblichen Stattgerichtes in München/Assessorn.

EXOD. XXII. CAP.
Die Zauberer solt du nicht leben lassen.

Gedruckt zu München bey Adam Berg.
ANNO DOMINI M. D. XCII.
Mit Röm: Kay: vnd Bay: Freyheit/nit nachzudrucken.

angeklagten Frauen unter dem Druck der Folter bestätigt, sie waren auch im Alltag wirksam. Der reale Sachverhalt, aus dem heraus der Hebamme aus Freudenberg Hexerei vorgeworfen wurde, war ihre Ungeschicklichkeit in der Geburtshilfe. Das Flugblatt berichtet, daß sie etlichen Kindern bei der Geburt das Gehirn zerdrückt habe. Hier setzte die Projektion des Hexenbildes an. Der Frau wurde böse Absicht unterstellt und vorgeworfen, sie handle als Hexe im Auftrag des Teufels. Damit waren weitere Greuelphantasien vorprogrammiert.

Die Hebammen waren jedoch keineswegs – wie in populärer Literatur behauptet – die Zielgruppe der Hexenverfolgung. Dies beweist ihre geringe Anzahl unter den verfolgten Frauen. Niemand hätte in der frühneuzeitlichen Gesellschaft ein Interesse daran gehabt, generell gegen diese Frauen vorzugehen, deren Arbeit unverzichtbar war. Gefährdet waren zur Zeit der Hexenprozesse solche Hebammen, bei denen eine hohe Rate an Totgeburten vorkam. Säuglinge durch Hexerei zu töten wurde allerdings nicht nur Hebammen vorgeworfen. Auch andere Frauen, die Kontakt mit Wöchnerinnen hatten, deren Kinder starben, konnte dieser Vorwurf treffen.

Margarethe Müller, der Ehefrau des Hans Müller aus Neustadt, wurde 1657 unterstellt, das „Sechswochenkind" des Ehepaares Landfelden durch Zauberei getötet zu haben. Sie war in der Zeit des Wochenbetts zweimal im Hause der Landfelden gewesen und hatte den Säugling angefaßt. Beim erstenmal – zwei Tage vor der Taufe – hatte sie das Kind aus der Wiege gehoben, weil es schrie, hatte es auf den Mund geküßt und der Mutter übergeben. Da das Kind anschließend nicht trinken wollte, vermutete die Großmutter, ihm wäre durch den Kuß der Mund „zugebunden" worden. Nach der Taufe erholte sich das

Kind wieder und kam zu Kräften. Die Besserung nach der Taufe wurde später als Beweis dafür angeführt, daß es verhext gewesen sei. Man glaubte, das Taufritual hätte die Macht der Hexe gebrochen. Außerdem hatte die Großmutter noch einen christlichen „Gegenzauber" zelebriert. Sie hatte das Kind nach der Taufe auf den Arm genommen und mit Bezug auf die Hexerei Margarethe Müllers gesprochen: „Du liebes Kind, ist dir das Maul verbunden, so öffne dir es Gott und die heiligen fünf Wunden, im Namen des Vaters, des Sohnes und Heiligen Geistes."

Eine Woche nach der Taufe kam Margarethe Müller wieder in das Haus der Landfeldens, um die Großmutter des Kindes als Schnitterin für ihren Schwiegervater anzuheuern. Sie ging in die Sechswochenstube, und mit den Worten, „wir müssen doch das Kindlein sehen", trat sie an die Wiege, deckte das Kind auf, tätschelte ihm die Wange und sagte „du liebes Kind". Als der Säugling danach wieder krank wurde und bald starb, wurde vermutet, die Müllerin habe ihm „das Abnehmen oder die zehrenden Dinger" angetan.

Die Vorstellung vom Kinderfressen kommt in diesem Fall symbolisch in der vermuteten Krankheit zum Ausdruck. Die „zehrenden Dinger" waren die Dämonen, die Hexengestalt der Nachbarin, welche dem Kind die Lebenskräfte aussaugte, sich von ihm ernährte. Welche Ängste solche Vorstellungen auslösten, wird an der Reaktion des Schreibers deutlich, der die Aussage der Großmutter über diesen Vorfall protokollierte. Er fügte bei der Erwähnung der „zehrenden Dinger" ein „Gott behüte uns" als Schutzformel in den Text ein.

In der Alltagswelt wurde die Tat der Hexen, die „die Kinder in der Wiege martern" durch die Symbolik der Krankheit enthüllt. Erst auf dem Sabbat, wenn die Hexen auf ihrem Flug die menschliche Welt verlassen hatten, konkretisierte sich die Symbolik, wurden Kinder „real" gekocht und gefressen. Die Worte der Müllerin, „wir müssen doch das Kindlein sehen", bekamen für die Mutter im nachhinein eine unheimliche Bedeutung, sie entlarvten die Hexe, die in der Wochenstube ihr Opfer suchte. Das Loben des Kindes galt als „Beschreien", aus dem Munde einer Hexe bewirkte es Krankheit und Tod.

In der Angst vor Verhexung verbanden sich die konkrete Erfahrung hoher Säuglingssterblichkeit mit überlieferten Geschichten von Trutten, Feen und Wechselbälgern und der Vorstellung, daß Hexen tote Kinder zur Herstellung ihrer Flugsalbe benötigten. Von jeher galt die Wochenstube als ein Ort, der vor magisch-dämonischen Einflüssen geschützt werden mußte. Solche Vorstellungen hatten reale und symbolische Bezüge. Die Wöchnerin und das „Sechswochenkind" waren in dieser Zeit noch sehr anfällig für Krankheiten und vom Tod bedroht. Die Müllerin konnte den etwa zehn Tage alten Säugling durchaus mit ihrem Kuß auf den Mund infiziert und „krank gemacht" haben.

Rituale zum Schutz von Mutter und Kind und zur Abwehr von Dämonen in der Wochenstube hatten Tradition. Im Märchen Dornröschen wird solch ein Ritual beschrieben. Die weisen Frauen sprachen ihren Segen über der Wiege und beschenkten so das Kind mit ihren „Wundergaben". Das Märchen zeigt auch, wie leicht Gutes sich in Böses verwandeln, der Todesfluch die guten Wünsche zunichte machen konnte. Die Frauen, die dem Kind in der Wiege ihre Gaben und ihren Segen brachten, bekamen Speisen auf goldenen Tellern gereicht. Sie verkörperten sowohl die Geister, die durch Opferspeisen gün-

stig gestimmt werden mußten, als auch die Nachbarinnen, die in die Wochenstube kamen und mit der Wöchnerin aßen, tranken und feierten. Noch im 15. Jahrhundert wurde das Segnen des Kindes durch alte Frauen und
andere „abergläubische" Wochenbettgebräuche von
Geistlichen verurteilt. Die Gefährdung von Mutter und
Kind sah die Kirche allerdings auch. Es kämen viele
Leute in die Wochenstube, unter ihnen könne auch der
Teufel sein, warnte der Prediger Geiler von Kaysersberg
1508 seine Straßburger Gemeinde und wandte sich damit gegen die Vorstellung, daß es Frauen seien, die Kinder in der Wiege verhexen. Die christliche Taufe war als
Schutz gegen die Macht des Teufels gedacht, sie sollte
daher möglichst bald nach der Geburt stattfinden. Die
Paten trugen das Kind zur Kirche. Die Mutter mußte
sechs Wochen im Hause bleiben und sich in katholischen Gebieten nach dieser Zeit dem kirchlichen Reini-
gungsritual der Aussegnung unterziehen. Auch die lutherischen Kirchenordnungen des 16. Jahrhunderts verboten den Frauen, die Wochenstube zu verlassen. Ihr erster Ausgang nach sechs Wochen sollte der Kirchgang gemeinsam mit ihren Nachbarinnen sein.

Die Wochenstube war ein Frauenraum und die Pflege
von Wöchnerin und Säugling Frauensache. Deshalb trafen Schadenzaubervorwürfe in diesem Bereich selbstver-
ständlich Frauen. In der Regel kümmerten sich die Nachbarinnen um die Wöchnerin. In den Haushalten der
wohlhabenderen Bürger wurden speziell für diese sechs
Wochen Dienstmägde, die Kindbett-Kellnerinnen, einge-
stellt. Sie versorgten das Kind und die Wöchnerin und
übernahmen im Haushalt die Aufgaben der Hausfrau.
Diese Frauen waren neben den Nachbarinnen potentiell
vom Vorwurf der Hexerei bedroht, wenn der Säugling
starb. Der Fall der Augsburger Kindbett-Kellnerin Anna

Ebeler, die 1669 der Hexerei angeklagt und hingerichtet worden war, wurde durch ein Flugblatt mit Bildern und Beschreibungen ihrer Taten verbreitet. Der Verdacht der Hexerei war entstanden, nachdem in mehreren Haushalten, in denen sie gearbeitet hatte, die Sechswochenkinder gestorben waren, weil sie von merkwürdigen Krankheiten befallen wurden oder – ähnlich wie das Kind der Landfeldens – nicht mehr trinken konnten.

## Männlichkeits-Diebinnen und Kupplerinnen

Von Hexen, die Männern ihr „Männliches" stahlen und solche Glieder „in namhafter Menge" in Vogelnestern oder Schränken aufbewahrten und mit Körnern fütterten, wußte der Dominikaner Heinrich Institoris 1487 im „Hexenhammer" zu berichten. Er erklärte diese Vorkommnisse zwar als Täuschungen, die durch teuflische Handlung geschähen, betont aber, daß Hexen mit Hilfe von Dämonen den Männern den Verlust ihres Gliedes so vorgaukeln könnten, daß man von „einer wahren Wegnahme des Gliedes mit Bezug auf die Vorstellung des Leidenden" reden könne. Bei solchen Vorstellungen handelte es sich nicht einfach um Phantasien von Geistlichen, die aus dem Zwang zum zölibatären Leben entstanden. Institoris kommentierte in seinem Werk Geschichten, die er aus seiner Praxis als päpstlicher Inquisitor kannte, und Ereignisse, die – wie er betont – von vielen gesehen und allgemein erzählt wurden. „Keinem ist es zweifelhaft, daß gewisse Hexen wunderbare Taten an den männlichen Gliedern vollbringen, was feststeht nach dem, was sehr viele Leute gesehen und gehört; auch nach dem öffentlichen Gerede, daß durch Sehen oder Betasten die Wahrheit bezüglich jenes Gliedes erkannt wurde."

Geschichten über weggehexte männliche Glieder wurden zur Verspottung Geistlicher erzählt. Einem Mann, der sich wegen seines verlorenen Gliedes an eine Hexe gewandt habe, habe diese erlaubt, sich aus einem Nest, in dem viele Glieder lagen, eins zu holen. Als er ein besonders großes Exemplar nehmen wollte, habe die Hexe Einspruch erhoben, weil das einem Geistlichen gehöre. Aus solchen amüsanten Geschichten wurde für Frauen, die der Hexerei angeklagt waren, tödlicher Ernst, von ihnen wurde erwartet, sich mit solchen Handlungen zu identifizieren.

Barbara Kurzhals aus Reichertshofen in Bayern gestand 1629, sie habe ihrem ersten Ehemann Michael Reutter und einem anderen Mann namens Wolf Widmann aus Gottenshofen, mit dem sie geschlafen habe, ihre Mannheit genommen. Sie habe ihre Hand mit einer vom Teufel erhaltenen Salbe eingerieben, ihrem Mann, als er schlief, an sein Glied gegriffen und es ihm mit folgenden Worten abgenommen: „Jetzt nimb ich dir dein Zipfel ins Teufels Namen, daß du nichts mehr mit mir zu schaffen haben kannst." Einige Tage danach habe sie das Glied in die Ilm geworfen. Bestätigte die Angeklagte nur ein vorgegebenes Klischee, das ihr von Männern im Verhör abgepreßt wurde, oder läßt die Version, die sie brachte, die Phantasie erkennen, sie könne sich durch Magie unerwünschter Zugriffe des Ehemanns erwehren? Die Formel „daß du nichts mehr mit mir zu schaffen haben kannst" ließe darauf schließen.

Wir sind heute geneigt, die „sexuelle" Komponente des Hexenbildes ausschließlich als Männerphantasie zu sehen und nach psychoanalytischen Kategorien als Ausdruck männlicher Kastrationsängste zu deuten. Das mag für die im 19. Jahrhundert entstandene Version des

Vamps als männerverführender und verschlingender Hexe zutreffen. Wenn aber den frühneuzeitlichen Hexen die Fähigkeit zugeschrieben wurde, die „ehelichen Gliedmaßen bezaubern und die Leute zur Buhlschaft zwingen" zu können, ging es nicht einfach nur um die Bewältigung männlicher Ängste vor der Macht der Frauen, die nach Belieben Lust und Begehren erzeugen und abtöten konnten. Wie alle Schadenzauber-Vorstellungen enthielt auch das Bild vom Weghexen der männlichen Genitalien symbolische und konkrete Bezüge zur Wirklichkeit. Den Schaden, der auf Zauberei zurückgeführt wurde, erfuhren die Betroffenen als Verlust von Nahrung, Lebenskraft und Fruchtbarkeit. Hexen stahlen die Milch der Kühe und ließen die Brüste der Frauen austrocknen, entzogen Lebenskräfte, die als Säfte (Blut, Sperma) gedacht waren. Die Vorstellung, daß sie die Zeugungskraft stahlen, hat ihre Ursprünge in diesem Zusammenhang. Hexen konnten Männer und Frauen unfruchtbar machen, so wie sie Tiere und Äcker unfruchtbar machten. Das fehlende männliche Glied symbolisiert den Verlust der Zeugungskraft, ein Bild, das in volkstümlichen Geschichten eine eigene Realität bekam.

Daß Männer für ihre Impotenz Frauen verantwortlich machen, hat Tradition. Solche Vorwürfe hatten ihre Entsprechung in konkreten Versuchen von Frauen, durch Magie Einfluß auf das männliche Begehren zu nehmen. Liebeszauber wurde von Ehefrauen ausgeübt, um sich die Liebe bzw. das Verlangen des Ehemannes zu sichern, ihn damit an sich zu binden und zu verhindern, daß er andere Frauen begehre. Das schloß die Vorstellung ein, Männer in bezug auf Konkurrentinnen impotent zu machen.

Mittelalterliche Liebeszauberpraktiken sind durch die Bußbücher des Bischofs Burchard von Worms überliefert.

Liebeszauber war Frauensache, durch ihre Zuständigkeit für die Nahrungszubereitung hatten Frauen Kenntnisse und Möglichkeiten, auf ihre Männer einzuwirken. Getränke und Gebäck wurden mit Menstruationsblut vermischt. Das Menstuationsblut galt als Entsprechung des Spermas, neues Leben enstand nach mittelalterlichen Vorstellungen aus der Vermischung von Blut und Sperma. In diesen Rezepten ist die Verbindung zum Fruchtbarkeits-Zauber deutlich. Hinter anderen Praktiken stand die Vorstellung, daß die magische Kraft des weiblichen Körpers, Begehren zu erzeugen, in die Speise überging und den Mann an diese entsprechende Frau band. Fische wurden in die Vagina gesteckt und auf diese Weise getötet, um dann gebraten dem Mann vorgesetzt zu werden, Brotteig wurde auf dem entblößten Gesäß der Frau geknetet. Frauen bestrichen ihren nackten Körper mit Honig, wälzten sich in Weizenkörnern, sammelten die am Körper haftetenden Körner ab und backten Brot daraus.

Auch in der Frühen Neuzeit war Liebeszauber noch durchaus üblich. Die Praktiken, die Zeugen und Angeklagte in Hexenprozessen beschrieben, folgten den gleichen Prinzipien wie die in den Bußbüchern genannten. Im Innsbrucker Prozeß von 1485 wurde von einer Zeugin folgendes Rezept für Liebeszauber genannt: Das Herz einer schwarzen Henne, das dem lebendigen Tier entnommen werden mußte, sollte zu dem „heimlichen end" der Frau gelegt, danach gebraten und dem begehrten Mann als Speise vorgesetzt werden. Von Semmeln und Äpfeln, die über Nacht an die Genitalien der Frau gelegt oder unter der Achsel durchgeschwitzt und dann dem Mann angeboten wurden, war in lippischen Hexenprozessen die Rede. Die Schäferin Dorothea aus dem Amt Blomberg (Grafschaft Lippe) galt als Expertin für Liebeszauber. Im

1561 gegen sie geführten Zaubereiprozeß sagte eine Zeugin aus, sie hätte von ihr Kräuter und Zweige bekommen, die sie in das Bett ihrer Nebenbuhlerin legen sollte. Die magischen Mittel sollten einerseits verhindern, daß der Mann ihrer Wahl mit dieser Frau den Geschlechtsakt vollziehen konnte, und andererseits sein Verlangen auf sie, als die rechte Braut, lenken.

Dieses Beispiel zeigt, daß Liebeszauber nicht nur dem Lustgewinn und der Garantie ehelicher Treue, sondern auch materiellen Interessen diente, wenn er zur Ehestiftung eingesetzt wurde. Da Frauen und Männer durch Heirat Besitz und Status erwerben konnten, spielten Heiratsplanung und Ehevermittlung in der frühneuzeitlichen Gesellschaft eine wesentliche Rolle. Im Liebeszauber suchten vor allem diejenigen ein Mittel, eine günstige Heiratsverbindung zu erreichen, die selbst keine nennenswerten materiellen Güter in die Ehe einbringen konnten.

In der Ehevermittlerin, die mit Magie arbeitete, verband sich das Bild der Hexe mit dem der Kupplerin. Das alte kupplerische Weib, das sich mit Liebeszauber auskannte, als Hexe und Hure beschimpft, war eine bekannte Figur in der Schwankliteratur und volkstümlichen Versdichtung. Der kupplerischen Hexe wurde unterstellt, durch todbringenden Schadenzauber und Erzeugung von Unfruchtbarkeit geplante Ehen zu verhindern und damit eigene Heiratspläne oder die ihrer Klienten durchzusetzen.

Nach diesem Muster wurde 1564 in der lippischen Stadt Horn Elisabeth Poisendal nachgesagt, sie habe die Ehefrau Hermann Losses durch Zauberei getötet, damit der Witwer ihre Tochter heiraten konnte. Als Hexen angeklagte Frauen gestanden, unerwünschte Ehen ihrer

Söhne dadurch verhindert zu haben, daß sie die Bräute durch Zauberei getötet hätten. Marie Roseler aus Horn bekannte 1584, sie habe nicht dulden wollen, daß ihr Schwager, der Stadtsekretär, in die Ratsfamilie von Hellen einheiratete, deshalb habe sie Anne von Hellen einen Trank gegeben, durch den sie schwere Menstruationsstörungen, „alle Monate" bekam. Damit war ihre Arbeitskraft als Ehefrau eingeschränkt, und es war fraglich, ob sie gebärfähig war.

Die Hexe, die „eheliche Gliedmaßen bezaubern und die Leute zur Buhlschaft zwingen" konnte, war demnach nicht nur die komische Figur, die männliche Glieder in Nestern hortete und nach Bedarf verteilte. Sie verkörperte auch die bedrohliche Zauberin, die Macht hatte, Störungen in existentiellen Bereichen zu verursachen, indem sie Heiratspläne und damit verbundene politische und wirtschaftliche Interessen durchkreuzte.

## 2. Die Teufelshure

Eine Hexe, die Zauberei anwendete, um ihre Mitmenschen zu schädigen, tat dies nach der Hexenlehre nicht aus eigener Kraft, sondern mit Hilfe des Teufels. Ohne Teufel gab es keine Hexe, die beiden gehörten als ein Paar zusammen. Über die Art ihrer Beziehung herrschten unterschiedliche Vorstellungen. Die verbreitetste Version stellte die Hexe als Hure dar, die mit dem Teufel Unzucht trieb und die als Dienerin des Teufels auf seinen Befehl hin und mit seiner Hilfe Schaden anrichtete. Nach diesem Muster nahm der Teufel menschliche Gestalt an, näherte sich den Frauen als Buhle (Liebhaber), überredete sie, Gott zu verleugnen, sich mit ihm zu verbünden und ihm zu dienen. Dafür lehrte er sie die Zauberkunst oder lieferte ihnen Kräuter und Gifte, mit denen sie Menschen und Tiere töten könnten. Er flüsterte ihnen böse Gedanken ein, nährte Neid und Haß und weckte dadurch ihre Bereitschaft und ihren Wunsch, anderen Menschen Schaden zuzufügen.

Einige Verfasser von Hexentraktaten sprachen den Hexen dagegen die Fähigkeit zum Schadenzauber völlig ab und behaupteten, die „törichten alten Weiber" phantasierten die „Taten" des Teufels als ihr eigenes Werk. Manche bestritten auch, daß Hexen mit dem Teufel Unzucht treiben, sich mit ihm „fleischlich vermischen" könnten, da der Teufel ein Geistwesen sei. Unzweifelhaft war für alle, daß die Hexe einen Pakt mit dem Teufel abschloß. Darin lag ihr Verbrechen, das als Majestätsbeleidigung Gottes mit dem Tode bestraft werden mußte.

Unabhängig von solchen theologischen Kontroversen waren Schadenzauber und Teufelsbuhlschaft ein fester Bestandteil des Hexerei-Stereotyps, das die Gerichte in den Verhören angeklagter Frauen bestätigt wissen wollten. Bereits während der ersten größeren Prozeßwelle im 16. Jahrhundert gehörte die Frage nach dem Geschlechtsakt mit dem Teufel zum Fragekatalog der Gerichte. Die 1565 in Hanau angeklagten Frauen Marga Bregel, Elß Gott, Anna Gott, Anna Lisch und Anna Gerlach wurden zunächst gefragt, wie sie an den bösen Geist geraten seien. Dann sollten sie berichten, „Wie er erstmals mit ihr gemeinsamet, welchs Orts und wie oft das im Jahr geschehn sei". „Gemeinsamet" hieß im Sprachgebrauch der Zeit: den Geschlechtsakt vollziehen.

Die Teufelsbuhlschaft wurde in Hexengeständnissen, auf Bildern und in Hexentraktaten als reale Handlung zwi-

schen dem Teufel als Mann und der Hexe als Frau dargestellt. Nach heutigem Realitätsverständnis erscheint
diese Vorstellung absurd. Werden die Bilder und Beschreibungen als Ausdruck symbolischen Denkens betrachtet,
läßt sich ihr Sinn erschließen. Geistig-seelische Beziehungen zwischen Menschen und höheren Wesen – seien
es Geister, Götter oder der christliche Gott – nach dem
Vorbild zwischenmenschlicher Beziehungen wie Mann
und Frau, Herr und Knecht zu beschreiben, ist ein übliches Muster, um religiöse Erfahrungen mitteilbar zu machen. Christliche Mystikerinnen beschrieben ihre Beziehung zu Christus im Bild von Braut und Bräutigam als
geschlechtliche Vereinigung. Auch in der Alchemie, der
gelehrten Form der Magie, die im 16. und 17. Jahrhundert als Suche nach Erkenntis der Natur und den ihr in-
newohnenden Wirkkräften verstanden wurde, war es üblich, die Vereinigung von Mensch und Geist im Bild der
„chymischen Hochzeit" als geschlechtliche Vereinigung
darzustellen. Magie und Religion lieferten die Vorbilder,
nach denen Hexe und Teufel als Paar gesehen wurden.
Anknüpfend an die Tradition, die Beziehung zwischen
Mensch und Geistwesen bzw. Mensch und Gott im Bild
der geschlechtlichen Vereinigung auszudrücken, war die
Hexe die Braut des Teufels. Da die Vereinigung mit einem bösen Geist nur als Unzucht, Hurerei oder Sodomie
aufgefaßt werden konnte, galt die Hexe als Teufelshure.

Aus der Sicht der Gerichtspersonen, die die Verhöre
durchführten, waren die angeklagten Frauen Wissende in
einem Bereich, der ihnen selbst nicht aus eigener An-
schauung bekannt war. Das Verhör bot ihnen demnach
die Möglichkeit, Genaueres über Aussehen, Kleidung,
Namen und Verhalten des Teufels zu erfahren. Das
Grundmuster war vorgegeben, lieferte die Schablone, in
welche die Aussagen der Frauen passen mußten. Die An-

geklagten bezogen sich bei ihrer Beschreibung der Teufelsbuhlschaft auf das, was sie aus Erzählungen und aus
Predigten kannten. Wo Pfarrer z.B. die theologische Auf-
fassung vom Teufel als körperlosem Wesen vertraten, beschrieben Frauen im Verhör den Teufel als ein „Ge-
spenst", das als Buhle zu ihnen gekommen sei. In An-
knüpfung an eigene Erfahrungen mit dem Mann wurde
der Bezug zur Lebenswirklichkeit hergestellt.

Im Bild des Paares Hexe und Teufel lassen sich drei
Grundtypen von Beziehungen nachweisen: Zauberin und
Dämon oder Geist, Ketzerin/Hexe und Abgott/Satan,
Frau und Mann. Diese drei Typen wurden in den Be-
schreibungen und Bildern vermischt. Sie repräsentieren
verschiedene Ebenen und Traditionen des Hexenbildes.

## Die Zauberin und die Geister

Vorstellungen über die Beziehung zwischen der Zauberin
und den Geistern gehen auf ältere volkstümliche Hexenbilder zurück. Die Zauberkunst bestand in der Fähigkeit,
durch Beschwörungen und Rituale mit übermenschli-
chen Wesen, Geistern oder Dämonen, Kontakt aufzunehmen, sich deren Kräfte zu eigen zu machen und dadurch
Dinge zu bewirken, die gewöhnlichen Menschen nicht
möglich waren. Sich die Kräfte der Geister einzuverlei-
ben hieß, sich mit ihnen zu vereinigen, ein Vorgang, dem
auf menschlicher Ebene der Geschlechtsakt entsprach.
In Fruchtbarkeitsritualen wurde die geschlechtliche Vereinigung als Analogiezauber konkret vollzogen, und so
die Hilfe höherer Kräfte für das Wachstum der Feldfrüchte und die Fruchtbarkeit des Viehs beschworen.
Daß solche Vorstellungen auch im 16. Jahrhundert noch
wirksam waren, zeigt der Vorwurf eines Viehhirten aus
dem Amt Blomberg gegenüber der Schäferswitwe Doro-

thea, die 1561 wegen Zauberei angeklagt wurde. Er behauptete, sie habe ihn zu überreden versucht, auf der Weide „fleischliche Wollust mit ihr zu pflegen, damit die Pferde gedeihen".

Die Kirche sah in der Beschwörung von Geistern einen Versuch, in die göttlich gewollte Ordnung einzugreifen. Der von der Zauberin beschworene Geist konnte deshalb nur der „böse Geist", der Teufel sein. In Hexenprozessen des 16. Jahrhunderts beschreiben Angeklagte häufiger solche Beschwörungs-Rituale, geben aber dem Wesen, das erscheint und ihnen zu Diensten steht, eine Tiergestalt.

Grete Dresing und Grete, die Ehefrau des Wollwebers Paul, aus Salzufflen (Grafschaft Lippe) gestanden 1551, sie hätten ein Gift zusammen hergestellt, wobei sie durch dreimaliges Anrufen der Geister mit Namen „Kreschen, Kroschen und Krischen" deren Hilfe bekommen hätten. Es sei ein schwarzes Wesen erschienen, das Grete Dresing folgendermaßen beschrieb: „kein Hund, kein Elch, nicht größer als eine Katze". Das Tier habe sie in ihrem Hause behalten, damit es ihr diene. Eine weitere Version von Tiergeistern liefert die Walterbergesche aus Tundern (Herzogtum Calenberg-Göttingen). Sie sagte 1583 aus, sie bekomme ihre Zaubermittel von zwei Kröten, die Grammert und Grimmert hießen, in ihrem Hof unter der alten großen Weide säßen und von ihr mit Butterbrot und Milch gefüttert würden. Als der Amtmann ihre Aussage überprüfen ließ und seine Männer sechzig Kröten an dem beschriebenen Platz fanden, war das Entsetzen groß.

Im Gegensatz zur Paarbeziehung von Hexe und Teufel, in der die Frau als Dienerin und der Teufel als Herr und

Meister gesehen wird, ist die Zauberin die Herrin der beschworenen Geister in Tiergestalt. Sie befiehlt, und die Tiere dienen ihr. Auch wenn der Teufel in Tiergestalt beschrieben wird, ist er der Diener. In der Stadt Horn ging 1631 das Gerücht um, der schwarze Hirtenhund der Rinderhirtin Aleke Heise sei ihr Buhle, der Teufel. Dieser Hund folge der Frau auf Schritt und Tritt und gehorche niemandem anders als ihr. Nachbarn, die gesehen hatten, daß der Hund mit einem Klumpen Butter im Maul in ihr Haus lief, hielten ihn entsprechend dem Hexenmuster für den Teufel, der auf ihren Befehl Butterdiebstahl betrieb.

Tiere als Hilfsgeister, die mit der Hexe zusammenleben, spielen im angelsächsischen Hexenglauben eine zentrale Rolle. Im deutschen Sprachraum sind sie hauptsächlich mit dem Bild der Märchenhexe verknüpft. Sie wird von Katzen, Raben und Eulen begleitet. Eine Mischung aus Hilfsgeistern und Verkörperung des Teufels als Buhlen sind die Tiere, auf denen Hexen zum Tanz bzw. Sabbat ausfliegen sollten. Hier werden von den Angeklagten je nach Region Hunde, Schweine, Pferde, Ziegen und Böcke genannt. Die Schäferin Dorothea aus dem Amt Blomberg sollte nach Aussagen eines Nachbarn auf einem schwarzen Hund ausgeflogen sein. Die beiden Frauen aus Salzufflen gestanden, auf grauen Schweinen zum Hexentanz geritten zu sein. Catharina Staudinger nannte einen Ziegenbock als ihr Reittier, mit dem sie aber auch als einem Buhlen Unzucht getrieben habe.

Das Titelbild unseres Buches, das drei Bäuerinnen auf einer Sau reitend zeigt, kennzeichnet diese Frauen damit als Hexen auf dem Weg zum Tanzplatz. Ähnlich wie auf anderen Abbildungen sind die Frauen äußerlich nicht von anderen „normalen" Bäurinnen zu unterscheiden.

Damit wurde betont, daß jede Frau eine Hexe sein könne. Die Dreizahl spielt auf die Hexe als Mitglied einer Vereinigung, der Hexenrotte oder Hexensekte, an. Hexen waren keine Einzeltäterinnen, wo eine war, gab es immer auch noch andere. Das Bild vereinigt diese Elemente des Hexenmusters mit der Tradition des Schandbildes. Das Schandbild wurde im Mittelalter und in der Frühen Neuzeit als ein Mittel des Schmähens, des Angriffs auf die Ehre von Personen eingesetzt, die sich einer gerichtlichen Verurteilung entzogen, diente aber auch allgemein der Aufdeckung unehrenhaften Verhaltens. Damit werden die Frauen auf diesem Bild als Verbrecherinnen dargestellt, die eine gerechte Strafe verdient haben. Die Sau war ein Tier, das häufiger für Schandbilder benutzt wurde. Die Sau, an deren Zitzen Juden saugten, die Judensau, war ein Schandbild zur Verunglimpfung der Juden, das im 13. Jahrhundert entstand. Saureiten gehörte zu den schmählichsten Schanddarstellungen. In dieser Pose wurde Luther im 16. Jahrhundert von seinen katholischen Gegnern dargestellt. Im Bild der drei saureitenden Frauen, das uns heute harmlos erscheinen mag, werden die Hexen als schändliche Verbrecherinnen präsentiert.

Wie alle Tiere, die den Hexen zugeordnet und als Verkörperung des Teufels oder von Dämonen betrachtet wurden, waren die Sau, die Ziege und der Bock in der christlichen Symbolik Sinnbilder der Unkeuschheit und Unmäßigkeit. In den vorchristlichen Kulturen hingegen waren Sau und Bock Symbole der Fruchtbarkeit. Sie waren ursprünglich den europäischen Muttergöttinnen, später auch männlichen Fruchtbarkeitsgöttern zugeordnet und verkörperten deren Potenz, Einfluß auf die Fruchtbarkeit der Erde und ihrer Bewohner zu nehmen. Als solche waren die Ziege und der Bock, die Sau und der Eber Reittiere der Göttinnen und Götter gewesen. Auch Katzen, Schlangen, Eulen und Kröten waren Göttinnen zugeordnet. Die Kröte wurde noch in der Frühen Neuzeit auf Amuletten, die an Wallfahrtskapellen mit Bitte um Heilung erkrankter Körperteile hinterlegt wurden, als Zeichen für die Gebärmutter verwendet.

## Die Hexe und der Teufel

Die theologische Hexenlehre griff in ihrer Darstellung der Beziehung zwischen Hexe und Teufel auf Vorstellungen über Ketzersekten zurück, deren Gottesdienste als Verkehrung der christlichen Rituale gedacht wurden. Der Teufel sollte demnach für die Anhänger der Hexensekte die Stelle Gottes einnehmen. Entsprechend dem Aufnahmeritual in die christliche Gemeinschaft, der Taufe, bei der die „Heiden" dem alten Glauben abschworen, gegenüber dem neuen Gott einen Treueid ablegten und ihm huldigten, wurde den Hexen unterstellt, sie widerriefen ihre Taufgelübde, schworen dem christlichen Glauben ab und leisteten dem Teufel einen Treueid mit dem Versprechen, daß sie ihm dienen wollten. Er versprach ihnen dafür Schutz, Hilfe und materielle Unterstützung und lehrte sie die Zauberkunst, die sie reich machen solle. Das Bündnis wurde durch den Geschlechtsakt besiegelt. Dies entsprach der mystischen Vereinigung der Gläubigen mit Christus. Auch das gemeinsame Mahl und der Tanz, die den Hexensabbat ausmachten, hatten ihre Vorbilder im christlichen Gottesdienst. Neben dem Abendmahl gehörten in der frühmittelalterlichen Kirche Tänze zum Ritual der Messe. Da die Aufnahme in die Hexensekte als Pervertierung und damit Verhöhnung des christlichen Ritus vorgestellt wurde, sollten die Anhänger den Teufel auf sein Hinterteil küssen, war das Mahl als Orgie gedacht. Auf diesen Zusammenkünften, so glaubte man, beschlossen die Hexen, welche Schäden sie anrichten wollten.

Die Geständnisse der als Hexen angeklagten Frauen folgten im Prinzip diesem „Ketzermuster", wenn auch in unterschiedlichen Ausformungen. Manche Frauen berichteten, daß ihr erster Kontakt mit der „Hexensekte" durch eine Frau zustande gekommen sei, die bereits dazugehörte, also eine Hexe war. Sie habe die Neue das Zaubern gelehrt oder sie mit zum Tanz genommen und sie auf diese Weise mit einem Buhlen zusammengebracht. Andere berichteten, der Teufel sei von sich aus erschienen und habe sie überredet, ihm zu dienen. Das Versprechen, seine Dienerin zu werden, beinhaltete die Abschwörung des christlichen Glaubens. Je nach Konfession lauten die Formeln der katholischen Frauen, sie hätten „Gott und allen seinen lieben Heiligen entsagt" oder „Gott den Herrn, seine liebe Mutter, alle Apostel und lieben Heiligen verleugnet". In protestantischen Gebieten gestanden die Angeklagten, sie hätten „der heiligen Dreifaltigkeit abgeschworen und den Taufbund verleugnet" oder „Gott und den lieben Herrn Jesus Christus abgeschworen" oder „Gott und sein seligmachendes Wort verleugnet". Gelegentlich wurde die Abschwörung durch Gesten unterstützt, die den Rücktritt, das Abstand nehmen vom ehemaligen Glauben, konkret ausdrückten. Zum inneren geistigen Vorgang gehörte die äußere körperliche Bewegung, die im Ritual ausgeführt wurde. Die Angeklagten berichteten, sie seien drei Fuß zurückgetreten mit der Formel, „Ich trete in des Teufels Namen zurück und verleugne Gott". Dieser Vorgang liefert ein anschauliches Beispiel für die Mentalität der Menschen, deren Denken sich in Bildern vollzog. In der Wahrnehmung waren innere und äußere Bilder eng miteinander verknüpft. Insofern war der Teufel nicht einfach ein geistiges Prinzip des Bösen und der Widersacher Gottes, sondern er trat in der Vorstellung der Leute leibhaftig in unterschiedlichen Gestalten auf.

Um die Beziehung der Hexen zum Teufel zu begründen, bezogen die Theologen sich auf die „Natur der Frau". Die besondere Neigung der Frauen zu Geistern, Dämonen und dem Teufel wurde allgemein mit ihrer angeblichen moralischen Schwäche und leichteren Verführbarkeit begründet. Schließlich war bereits Eva den Verführungskünsten des Teufels erlegen. In welcher Weise diese Argumente eingesetzt und verbreitet wurden, zeigt ein Flugblatt aus dem Jahre 1555, das über einen Hexenprozeß in Derneburg in der Grafschaft Reinstein am Harz berichtet.

Das Bild zeigt zwei Frauen, die an einen Pfahl gekettet im Feuer stehen, das vom Scharfrichter und seinem Gehilfen mit einer langen Stange geschürt wird. Eine weitere Frau wird durch den Teufel, der in Gestalt eines Drachen aus den Lüften herunterkommt, aus dem Feuer gerissen. In dem kommentierenden Text heißt es unter anderem über den Teufel: „Er setzet sonderlich dem weiblichen Geschlecht hart zu, als dem schwächeren Werkzeug, damit er sie von Christo wegreiße und in ewige Verdammnis führe. Und wie er zu Eva sprach, sie würde werden wie die Götter, also bläst er noch das Gift in der Weiber Herzen, lehrt sie zaubern, auf daß er sie klug mache, daß sie mehr wissen denn andere Leute und also den Göttern gleich werden. Damit macht er sie ihm anhängig und zu Teufelsdienerinnen, ja auch zu Teufelsbräuten." Hier werden Frauen, die sich über andere erheben, wie die Götter werden und ihre in der sozialen Hierarchie untergeordnete Position überwinden wollen, zu potentiellen Hexen erklärt.

Das Flugblatt beschreibt außerdem, was sich in Derneburg im Oktober 1555 während und nach der Hinrichtung der beiden „Zauberinnen", der Grödeschen und der Geßlerschen zugetragen hatte. Als das Feuer angezündet wurde, sei der Buhle der Grödeschen, der Satan, gekommen und habe sie „sichtbar für jedermann" durch die Lüfte entführt. Die dritte Frau auf dem Bild, die vom Drachen aus dem Feuer gerissen wird, ist demnach nicht die dritte hingerichtete Hexe, sondern eine andere Gestalt der im Feuer stehenden Gröde. Sie wird hier in ihrer „wahren Gestalt" gezeigt, als Teufelshure mit offenen Haaren.

Zwei Tage nach ihrer Hinrichtung am 3. Oktober seien die beiden Frauen wieder erschienen. Sie seien in das Haus der Geßlerschen gelaufen, hätten deren Mann aus der Tür gestoßen und dadurch getötet. Ein Nachbar hatte den toten Geßler vor der Haustüre liegen sehen und habe, als er ihn ins Haus bringen wollte, drinnen die zwei „feurigen Weiber" um das Feuer tanzen sehen. Auch der Ehemann der Grödeschen kam zu Tode, er wurde am 12. Oktober wegen Blutschande mit dem Schwert hingerichtet. Seine Frau hatte ihn in ihrem Geständnis belastet, er hätte mit ihrer Schwester Ehebruch begangen. Nach den Vorstellungen der Zeit waren die Blutsverwandten des einen Ehepartners auch mit dem anderen blutsverwandt, da Eheleute durch den Geschlechtsakt zu „einem Leib" wurden.

Eine dritte Zauberin, die Sercksche, wurde am 14. Oktober verbrannt. Der abschließende Kommentar zu diesen Ereignissen lautet: „Hie siehet man, wenn der Teufel an einem Ort einnistet und beginnt zu regieren, wie wüst er mit seinem Gifte um sich sticht. Wie viel Personen kommen hier um in wenig Tagen." Auch in dieser „Beschreibung" wird deutlich, daß innere und äußere Bilder nicht unterschieden wurden. Man „sah" den Teufel durch die Lüfte fliegen und die hingerichteten Frauen um das Herdfeuer tanzen.

Der Teufel war nicht nur der Hexe zugeordnet. Hinter allen Katastrophen und Unglücksfällen vermutete man das Wirken des Teufels. Im 16. und 17. Jahrhundert gab es einen regelrechten Teufelsboom, Teufelsbücher wurden zu einer bevorzugten Literaturgattung. Die Titel solcher Bücher lauteten „Der Wucherteufel", „Der Hosenteufel", „Der Jagdteufel", „Der Saufteufel", „Der Eheteufel" u. s. w. „Und wenn die Welt voll Teufel wär", heißt es im lutherischen Kirchenlied „Ein feste Burg ist unser Gott". Für die frühneuzeitliche Gesellschaft war die Welt voller Teufel, sie traten in allen Bereichen des Lebens als Versucher auf, mit denen sich ein Christenmensch auseinandersetzen mußte. War ein Christ zu schwach dazu, machte er sich der Sünde, nicht aber wie die Hexen des Todes schuldig.

Der Teufel, der als Verführer „das Gift in der Weiber Herzen blies", trat in der Gestalt eines jungen Mannes auf, der um die Frau warb.

Der Holzschitt aus dem Traktat Ulrich Molitors zeigt den Buhlen mit seiner Geliebten in einer angedeuteten Umarmung, eine Geste, die auf zahlreichen anderen Abbildungen von Liebespaaren auch zu sehen war. Nur die Bocksfüße und der Schwanz machen den Buhlen als Teufel erkennbar.

Das Bild des Teufels als werbender Mann war den Lebenserfahrungen der Frauen am nächsten. In ihre Aussagen über Teufelsbuhlschaft brachte die Angeklagte eigene Erfahrungen mit dem Buhlen ein, der sie zum Tanz geführt, der sich ihr als Liebhaber genähert hatte. So beschrieb Katharina Herde aus Winterberg 1523, sie und die anderen angeklagten Frauen hätten sich mit ihren Buhlen auf einem Waldweg zum gemeinsamen Tanz getroffen, anschließend hätten sie beieinander gelegen und ihre Lust gehabt. Nach dem Tanz hätten die Buhlen ihre jeweiligen Bräute wieder nach Haus geführt. Sie seien feine junge Gesellen gewesen in blauen und grünen Röcken. Die Winterberger Frauen gestanden alle, daß sie sich mit den jungen Gesellen auch einzeln in ihren Gärten hinter der Mauer getroffen und mit ihnen Buhlschaft getrieben hätten. Die Gärten waren ein Arbeitsbereich der Frauen, sie waren für den Gemüseanbau zuständig. Im Garten vor der Stadt waren sie ungestört, der nachbarlichen Kontrolle entzogen. Deshalb waren die Gärten vermutlich auch in der Realität ein bevorzugter Treffpunkt der Paare.

Aus Ulrich Molitors Traktat „Von bösen Weibern ..."

Der verbreitetste Name des Teufelsbuhlen war Feder-
wisch oder Federbusch. Entsprechend seiner beschriebe-
nen Kleidung trat er als reicher Bürger, Adliger oder
Landsknecht mit dem prächtigen Federhut auf. Gertrud
Hasken aus Winterberg nannte ihren Teufelsbuhlen 1523
Einhorneken und knüpfte damit an die mythologische
Figur des Einhorns an. Manche Frauen nannten den
Buhlen auch mit Namen, die seine Rolle unterstrichen,
wie „Wissetrost" oder „Abbetuteke" – entsprechend dem
Abtun von Krankheiten.

Der Pakt mit dem Teufel wurde häufig nach dem Ritual
des Verlöbnisses, des Eheversprechens, beschrieben. In
der Frühen Neuzeit war das Eheversprechen zwischen
Mann und Frau der Rechtsakt, der die Ehe stiftete. Das
Paar leistete einen gegenseitigen Treueeid und tauschte
Geschenke aus und Ringe, danach durfte der Beischlaf
vollzogen werden. Angeklagte Frauen berichten, daß sie
mit dem Teufel Ringe gewechselt, von ihm Geld bekommen und ihm als Gegengabe bunte Hosenbänder oder
auch Leinen (Aussteuer) geschenkt hätten. Anschließend
habe der Buhle mit ihr „seinen Willen gepflegt", wie ein
gebräuchlicher Ausdruck für den Geschlechtsakt lautete.

Die erste Begegnung mit dem Buhlen wurde von den Angeklagten häufig als Rettung oder Trost in einer schwierigen Lage beschrieben. Der Teufel erscheint und ver-
spricht Hilfe. Catharina Staudinger verlegte die erste Begegnung in die Zeit, als ihr Ehemann sie verlassen hatte
und sie vor der schwierigen Aufgabe stand, ihre kleinen
Kinder allein durchzubringen. Der Teufel kam zu ihr,
tröstete sie, versprach für sie zu sorgen und vertrat die
Stelle des Ehemanns. Dadurch wurde ihr Handeln ver-
ständlich, sie befand sich in einer Notlage. Ähnlich be-

schrieb die 1607 in Hildesheim angeklagte Mollersche ihre erste Begegnung mit dem Teufel. Er sei vor elf Jahren nach dem Tode ihres ersten Mannes zu ihr gekommen, als sie ganz verzweifelt gewesen sei und nicht gewußt habe, wie sie sich ernähren sollte. Sie habe ihren Unterhalt durch Spinnen verdienen müssen, was ein hartes Brot gewesen sei. Als sie mit großen Schmerzen in den Armen in ihrer Kammer gesessen habe, sei ein Mann zu ihr gekommen und habe versprochen, ihr zu helfen, sie reich zu machen, wenn sie sich ihm hingeben werde. Auch Grete Dresing aus Salzufflen erklärte 1551 im Verhör, weil sie in Armut gelebt habe, sei der Teufel zu ihr gekommen und habe ihr versprochen, sie reich zu machen, wenn sie sich ihm „zu eigen gebe".

Die Angeklagten hatten in der Regel als gläubige Christinnen größte Schwierigkeiten, sich als Teufelshuren darzustellen. Während Geständnisse von verübtem Schadenzauber häufig das erste waren, worüber die Frauen im Verhör redeten, wurden Teufelskontakte meist erst nach längerem peinlichem Verhör gestanden. Frauen füllten die durch Fragen vorgegebene Stereotype mit eigenen Erfahrungen. Sie entlasteten damit ihr Gewissen, indem sie Erlebtes, Wünsche oder Phantasien heranzogen und als Begegnung mit dem Teufel umdeuteten. Deshalb behauptete Catharina Staudinger, der Teufel sei ihr in Gestalt ihres Ehemannes erschienen. Damit erklärte sie, daß es ihm nur durch diese Täuschung gelungen sei, sie zum Beischlaf zu bewegen. Eine Frau, die mit ihrem wider Erwarten zurückgekehrten Ehemann schlief, beging keine Sünde. Ähnliches berichtete die Schäferswitwe Dorothea aus dem Amt Blomberg. Ihr Mann, der lange Henke, war wegen Mordes an einer Frau hingerichtet worden. Sie glaubte, er sei ihr des Nachts erschienen und habe mit ihr geschlafen, für sie konnte er nach seinem

Tod als Mörder nur ein Teufel sein, ein Wiedergänger, der keine Ruhe fand. Sie hatte diese Erfahrungen dem Pfarrer gebeichtet und war von ihm belehrt worden, sich im Gebet vor solchen Heimsuchungen zu schützen. Als sie wegen ihrer magischen Praktiken, des Brauens von Heil- und Abtreibungstränken und Liebeszauberritualen, der Zauberei angeklagt wurde, griff sie auf ihre Begegnungen mit dem Geist ihres verstorbenen Ehemanns zurück, um den Fragen des Amtmanns nach Kontakten mit dem Teufel Genüge leisten zu können.

Solche Reaktionen auf die Unterstellung, sie hätten mit ihrem Buhlen, dem Teufel, Unzucht getrieben, hatten für die angeklagten Frauen die Funktion einer psychischen Entlastung. Es war für sie offensichtlich leichter erträglich, Erlebnisse und Wunschgedanken nachträglich als Begegnungen mit dem Teufel zu deuten. So wurden auch Rachegedanken nach Streitigkeiten mit Nachbarn als Einflüsterungen des Teufels empfunden und anschließende Schäden als Folge dieser bösen Gedanken interpretiert. Wenn Angeklagte beschreiben, der Teufel habe mit ihrem Einverständnis Schäden angerichtet, liegt diese Vorstellung zugrunde. Nach längerer Haft in Gefängnissen, in denen die Frauen oft Dunkelheit, Kälte, Schmutz und Ungeziefer ausgesetzt waren und nach Verhören unter Einsatz der Folter, begannen die Verhafteten sich mit der zugeschriebenen Rolle der Hexe zu identifizieren. Sie phantasierten den Teufel als Retter, der ihnen versprach, sie aus der Haft zu befreien. So berichtete Grete Dresing aus Salzufflen, daß ihr Buhle zu ihr ins Gefängnis gekommen sei und ihr gesagt habe, er wolle ihr helfen, sie solle befreit werden. Er habe ihr einen Stock gegeben, wenn sie mit dem die Tür berühre, werde sie aufgeschlossen, und sie werde keine Not mehr haben.

Mit zunehmender Hexenverfolgung bekamen Teufels-
phantasien eine Eigendynamik, griffen Besessenheits-
phänomene im Umfeld von Hexenprozessen um sich.
Vor allem jugendliche Mädchen erklärten sich vom Teufel besessen und zogen damit die Aufmerksamkeit auf
sich. Seit dem Ende des 17. Jahrhunderts führten Äußerungen über Kontakte mit dem Teufel nicht mehr unbe-
dingt zum Hexenprozeß gegen die betreffenden Personen. Als Margarethe Winkelmann, die 1700 in Hildesheim wegen Diebstahls verhaftet wurde, im Verhör bekannte, sie habe sich dem Teufel ergeben, und dessen se-
xuellen Praktiken in aller Ausführlichkeit beschrieb,
entschied das Gericht, deswegen einen Arzt heranzuzie-
hen. Schließlich wurde sie wegen Gotteslästerung, Diebstahl, Verleumdung und Lügen mit Ruten geschlagen
und aus der Stadt getrieben.

### 3. Weise Frauen

Die Vorstellung, daß Schadenzauber eine Verkehrung
von Heil- und Fruchtbarkeitszauber sei, fand ihre Entsprechung in den Bildern der Hexe und der weisen Frau
oder guten Fee als einem Gegensatzpaar. Beide verfügten
über magische Kräfte und geheimes Wissen. Während
die Hexe die Magie der Pflanzen und Tiere, die Kraft der
Worte und Zeichen zum eigenen Vorteil und zum Schaden anderer einsetzte, nutzte die weise Frau sie, um anderen Menschen zu helfen. Die Hexe stahl den Menschen Lebensmittel (Milch, Butter, Getreide) und Lebenskräfte (Gesundheit) für ihren eigenen Gebrauch, die
gute Fee beschenkte die Menschen mit diesen Gütern.
Sie heilte, wo die Hexe krank machte und tötete. Sie seg-
nete, wo die Hexe verfluchte. Sie wußte Mittel, die vor
der Zauberkraft der Hexe schützten.

Nach dem Grundprinzip der Zauberei, daß diese Kunst je nach Absicht und Ziel zum Nutzen oder Schaden angewendet werden könne, verkörperten die beiden Frauenfiguren die hilfreiche und die unheilbringende Seite der gleichen Kraft. Im Märchen Dornröschen konnte die weise Frau den Todesfluch, den die böse über das Kind in der Wiege verhängt hatte, allerdings nicht aufheben, sondern nur abschwächen. In dieser Begebenheit kommt ein verbreitetes Element des Hexenglaubens zum Ausdruck, die Annahme nämlich, daß die bösen Kräfte stärker seien. Nach diesem Prinzip konnten angehexte Krankheiten oder anderer Schadenzauber nur durch die Hexe selbst wieder aufgehoben werden. Was eine Hexe gestohlen hatte, konnte nur sie zurückgeben. In diesem Sinn ist die Geschichte von den gestohlen männlichen Gliedern zu verstehen, die von der Hexe auf Bitten oder Drohungen hin zurückgegeben wurden. Das Wetter, das eine Hexe beschworen hatte, mußte sie selbst wieder wenden. Hexen konnten durch Drohungen, christliche Beschwörungsformeln oder Gegenzauber dazu gezwungen werden, Krankheiten wieder „abzutun". In den Gemeinden gehörten Beschwörungen und Gegenzauber-Rituale gegen Hexerei zum Alltag.

So wie die Hexe nicht nur ein Wesen der Vorstellungswelt war, sondern in der Frau, die in der Gemeinde der Hexerei bezichtigt wurde, Gestalt annahm, hatte auch die gute Fee und weise Frau ihre Entsprechung auf der Ebene der Alltagswirklichkeit. Während die Hexen jedoch das Ergebnis von Fremdzuschreibung waren, präsentierten sich die weisen Frauen als magiekundige Ratgeberinnen durch Selbstzuschreibung. Sie beriefen sich auf eine persönliche magische Begabung, die sie befähigte, mit höheren Kräften Kontakt aufzunehmen, hatten ein spezielles Wissen über die Wirkung natürlicher magischer Mittel und kannten Formeln und Rituale. Diese Frauen hatten neben magiekundigen Männern, die ebenfalls als Ratgeber arbeiteten, ihren Platz in einem umfassenderen System magischer Praktiken zur Bewälti- gung bedrohlicher Situationen im alltäglichen Leben.

Weise Frauen arbeiteten als Heilerinnen, Wahrsagerin- nen, Segnerinnen, betrieben Fruchtbarkeits- und Liebes- zauber, konnten Unheil abwenden, aber auch Ungeziefer bannen. Im wesentlichen lassen sich drei Bereiche ihrer Fähigkeiten unterscheiden: Sie kannten zum einen die Wirkung von organischen Substanzen, nutzten Pflanzen, Tiere und Teile des menschlichen Körpers (Nägel, Haare, Knochen, Blut) zur Heilung und zum Schutz als Abwehr- zauber. Zum anderen arbeiteten sie mit der Kraft des Wortes, der Gedanken, Zeichen und Gesten beim Bespre- chen, Segnen, Beschwören und Bannen. Und drittens be- saßen einige seherische Begabung, die sie befähigte, Dinge und Ereignisse – zukünftige oder vergangene – zu sehen, die anderen verborgen waren.

In der Praxis gab es unterschiedliche Kombinationen von Anwendungen. Heilerinnen konnten ausschließlich durch Besprechen wirken oder Heilpflanzen und Segen- sprüche zusammen anwenden und mit Amuletten und Gebeten arbeiten. Wahrsagerinnen wurden auch von Kranken aufgesucht, die vermuteten, daß ihre Krankheit angehext sei. In solchen Fällen wußten die weisen Frauen Mittel, wie die Hexen, die im Verborgenen heimlich Schadenzauber verübt hatten, entlarvt und zum Abtun des Schadens gebracht werden konnten. Manche Ratgebe- rinnen waren auf Heilung einer einzigen Krankheit spe- zialisiert oder setzten ihre „Hellsichtigkeit" nur für einen bestimmten Bereich, z.B. zur Aufdeckung von Diebstahl ein. Je nach ihrer Tätigkeit wurden sie Wickersche (Wahrsagerin), Böterin oder Braucherin (Heilkundige) oder auch weise Frau genannt. In Norddeutschland hießen sie auch Kunstfruwen (Kunstfrauen), entsprechend der Bezeichnung „Kunst" für Zauberei. Obwohl diese Frauen im Prinzip Gegenspielerinnen der Hexen waren und sich auch als solche verstanden, konnten sie aufgrund ihres Umgangs mit Magie und nach dem Prinzip „wer heilt, kann auch schädigen" in Hexereiverdacht geraten.

## Die Heilerin

Die Mollersche, eine heil- und magiekundige Frau, bei der Hildesheimer Bürgerinnen und Bürger Rat und Hilfe suchten, wurde 1607 wegen Zauberei hingerichtet. Sie hatte ihre Tätigkeit bereits über lange Jahre hin ausgeübt und war zum Zeitpunkt ihrer Verhaftung eine alte Frau, die in zweiter Ehe verheiratet war. Ihr Prozeß war durch den Tod eines Mannes ausgelöst worden, dem sie „die guten Hollen" auszutreiben versucht hatte. Ihre Fähigkeiten, Kranke zu heilen und Feuer zu stillen, führte sie auf eine angeborene Begabung zur Magie zurück – sie war ein „Sonntagskind". Außerdem verfügte sie über heilkundliche Kenntnisse, die sich auf mündlich überlieferte Rezepte und Arzneibücher stützten. Bei ihren Heilkuren setzte sie magische Rituale in Kombination mit Heilpflanzen wie Salbei, Kletten, Kalmus, Safran und Meerettich ein. Aus den Pflanzen stellte sie Salben her oder benutzte sie zusammen mit Weihrauch für Räucherungen. Die Ursache von Krankheiten sah sie in bösen Kräften, die aus dem Körper herausgezogen, durch Arznei und Räucherungen oder durch magische Sprüche und christlichen Segen ausgetrieben werden mußten. Diese Krankheitserreger nannte sie „die guten Hollen", Geister, die unter Holunderbüschen hausten und in die Körper der Menschen fuhren.

Die Verbindung des Holunderstrauchs mit Magie und Heilkunst hatte Tradition. Seine Früchte und die Rinde wurden schon im Altertum als abführendes, harntreibendes und gynäkologisches Mittel genutzt. Der Holunderbaum stand in Beziehung zu Tod und Unterwelt und galt auch als Teufelsbaum. Seine Zweige und der Saft der Früchte wurden als magische Abwehrmittel gegen Dämonen, Zauberer und Hexen eingesetzt. Der germanische Brauch, Tote unter Holunderbüschen zu begraben, fand in der Verwendung von Kreuzen aus Holunderholz bei christlichen Begräbnissen seine Entsprechung. Holunderbüsche abzuhauen galt als unheilbringend. Die Vorstellung, daß unter diesem Baum Krankheiten hausten, hing mit dem Glauben zusammen, daß Bäume den Menschen Krankheiten abnehmen könnten. Der Holunder galt in dieser Hinsicht als besonders kräftig.

Ob ein Mensch die „Hollen" im Körper hatte, konnte die Mollersche durch Harnschau feststellen. Beim Aufkochen flockte der Urin wie „Käsewasser" aus. Nach den Heilkuren gingen die Hollen als schwarze Masse durch die Ausscheidungsorgane oder durch Hautgeschwüre ab. Ihre Heilpraktiken und Vorstellungen über die Ursachen von Krankheiten folgten dem magisch symbolischen Denken ihrer Zeit, und in ihrer Diagnostik durch Harnschau sowie der Verwendung von Heilpflanzen unterschied sie sich nicht von den studierten Ärzten des beginnenden 17. Jahrhunderts. Daneben verwendete sie Rituale zur Diagnose und Austreibung von Krankheiten, die gänzlich in den Bereich der Magie und der Geisterbeschwörung gehörten. Sie füllte einen Eimer mit Brunnenwasser, hielt ein Licht über das Wasser und beschwor die „Hollen", heraufzukommen und sich ihr zu zeigen. Dann trieb sie sie durch christlichen Abwehrzauber, wie Kreuzzeichen und Anrufung der Heiligen Dreifaltigkeit, aus dem Kranken aus und verbannte sie an einen „bösen" Ort. Damit die Krankheitserreger nicht auf sie selbst übergingen, schützte die Mollersche sich durch Räucherungen. Manchmal mußte sie jedoch die Hollen beim Abbannen auf sich nehmen und wurde dann selbst krank. In solchen Fällen verlangte sie von ihren Kunden, zusätzlich zum üblichen Honorar, Wurst und Brot als Entschädigung für den Arbeitsausfall während ihrer Krankheit.

Nach mehrmaligen Verhören gestand die Mollersche, ihr Wissen vom Teufel zu haben, auf dessen Geheiß sie mehrere Menschen vergiftet hätte. Die „Hollen" bezeichnete sie jetzt als Ausgeburten des Teufels, die sich im Körper der Frauen bildeten, die mit dem Teufel Unzucht getrieben hätten. Sie gingen den Frauen alle vier Wochen ab und müßten dann in die Körper anderer Menschen einfahren. Dem Menstruationsblut schädigende verunreinigende Kraft zuzuschreiben hatte Tradition. Die Umdeutung der „Krankheitserreger" von Geistern, die unter dem Teufelsbaum Holunder hausten, zu Ausgeburten des Teufels war nur ein kleiner Schritt. Im christlichen Teufel waren ohnehin alle alten Dämonen vereinigt, und das Ritual, das die Mollersche bei ihren Kuren betrieben hatte, entsprach dem Exorzismus der katholischen Kirche. Da sie im ersten Verhör berichtet hatte, auch sie hätte die „Hollen" im Körper gehabt, war ihre Unzucht mit dem Teufel bewiesen.

Heilkundige Frauen waren aus mehreren Gründen gefährdet, für eine Hexe gehalten zu werden. Die doppelseitige Anwendbarkeit der Magie wurde im Umgang mit Wirkstoffen, die je nach Dosis heilen oder vergiften konnten, besonders deutlich. Ihre Praktiken konnten als Teufelswerk interpretiert werden. Die Beschwörungen der „Hollen", die mit dem Teufelsbaum, dem Holunder, in Verbindung standen, brachten die Mollersche in gefährliche Nähe zum Teufel. Sie war sich dessen offensichtlich bewußt und redete deshalb von den „guten Hollen", um ihrem Umgang mit solchen Kräften einen positiven Aspekt zu geben. Erst nachdem ein Kunde nach einer Beschwörung gestorben war, nahmen die Leute Anstoß an ihren Praktiken und vermuteten Schadenzauber. Gerede und Anzeigen beim Rat brachten den Prozeß in Gang. Kunden, die sich von ihr betrogen fühlten, weil sie zu hohe Bezahlung gefordert hatte und keine Heilung erfolgt war, traten als Zeugen gegen sie auf.

Der Fall der Mollerschen war typisch: Heilerinnen gerieten dann in Verdacht, Hexerei auszuüben, wenn ihre Arbeit nicht erfolgreich war. Solange ihre Kuren gesund machten, war es von untergeordneter Bedeutung, welcher Kräfte sie sich bedienten. Starben Menschen oder Tiere, die sie behandelt hatten, wurden die Kunden argwöhnisch, ob nicht teuflische Praktiken angewendet worden waren. Ähnliche Erfahrungen hatte 1550 die Brune gemacht, die im Amt Horn (Grafschaft Lippe) als Heilerin mit Kräutern, Tränken und Besprechen von Krankheiten bei Menschen und Tieren arbeitete. Sie wurde von ihren Kunden beim Amtmann wegen Zauberei angezeigt, nachdem die Heiltränke, die sie den Kühen verabreicht hatte, nicht geholfen hatten. Eine gelähmte Frau, die bei ihr Rat gesucht hatte, fühlte sich außerdem betrogen, weil die Brune mehrmals Geld von ihr bekommen hatte und trotz gegenteiliger Versprechen die Krankheit nicht heilen konnte.

Die heilkundigen Frauen befanden sich in einer zwiespältigen Situation. Um sich vor dem Hexereiverdacht zu schützen, benötigten sie viel psychologisches Geschick im Umgang mit ihren Kunden und fundierte Kenntnisse in der Anwendung von Heilpflanzen. Die Vorstellung, daß diejenigen, die heilten, auch schaden könnten, entsprach der Realität. Durch zu hohe Dosierungen von Heilpflanzen konnten kranke Menschen und Tiere vergiftet werden. War die Dosierung zu niedrig, blieben die Mittel wirkungslos, konnten die Kranken ebenfalls sterben. Die Arbeit der Heilerinnen wurde wie bei allen magiekundigen Leuten dadurch erschwert, daß die Kirche ihre Tätigkeit als Zauberei verurteilte. Mit Zauber zu heilen galt als Sünde. Obwohl sich die Kritik gegen alle magiekundigen Leute richtete, wurde die Tätigkeit der Frauen in doppelter Weise angegriffen: Ihr Wissen wurde als „Altweiberglaube" diffamiert und als Hexerei kriminalisiert. Aus kirchlicher Sicht waren Ratgeberinnen „alte Vetteln", „törichte Weiber", „alte Huren" und insgesamt Betrügerinnen oder Hexen. Im „Hexenhammer" hatte Institoris 1487 die Tätigkeit der „abergläubischen Weiblein" kritisiert, bei denen die Behexten Hilfe suchten und die mit Gegenzauber arbeiteten. Er unterstellte ihnen, daß sie mit der Kraft der Dämonen arbeiteten. Geiler von Kaysersberg griff seine Argumente 1508 in seinen Fastenpredigten auf und nannte diejenigen, die Heilzauber anwendeten, Hexen. Er ermahnte die Gläubigen: „Du sollst lieber siech und krank sein, als durch Zauber gesund werden. Wenn du zu den Hexen laufest, so wirst du brüchlich an Gott dem Herrn." Solche Belehrungen und Verbote und die Diffamierung der Leute, die Magie anwendeten, waren der Tenor in zahlreichen Predigten über das „Laster der Zauberei" oder über „Gottlose Mißbräuche", die bis ins 18. Jahrhundert hinein von katholischen und protestantischen Pfarrern mit wenig Erfolg gehalten wurden. In den Gemeinden blieb Magie ein gebräuchliches Mittel im Umgang mit Krankheit und anderen existentiellen Bedrohungen, sie wurde zum Schutz und zur Existenzsicherung neben christlichen Praktiken verwendet und mit ihnen vermischt.

Prinzipiell war die Anwendung von Magie in der Heilkunde nichts Außergewöhnliches, auch studierte Ärzte arbeiteten mit Heilmitteln, deren Wirkung teils auf ihrer magischen Symbolik beruhen sollten. Wie eng Medizin und Magie zusammenlagen, zeigt ein weiteres Beispiel aus Hildesheim. Die Udesche, Ehefrau eines Bürgers, war 1570 ins Gerede gekommen, weil sie für ihren Bruder, der Epileptiker war, ein verdächtiges Heilmittel hergestellt hatte. Sie hatte sich vom Totengräber einen menschlichen Schädel und von ihrer Schwester, die einen Sohn geboren hatte, die Nachgeburt geben lassen. Beides hatte sie zusammen zu einem Pulver verbrannt und dem Bruder eingegeben. Als das Gerede über den Fall dem Rat zu Ohren kam, wurde die Udesche wegen Zauberei verhaftet. Ihr Ehemann legte zur Verteidigung die Gutachten dreier erfahrener Ärzte vor, zwei von ihnen aus Braunschweig, die bestätigten, daß das menschliche Gehirn und die Nachgeburt in besonderer Zubereitung als Mittel gegen Epilepsie nützlich sei und als natürliche Medizin gebraucht werde.

Studierte Ärzte waren in der Frühen Neuzeit nur in größeren Städten und an den Höfen tätig. Insofern waren heilkundige Frauen entgegen einer heute populären Meinung keineswegs die Konkurrentinnen der Ärzte, die durch Hexerei-Anklagen von diesem Berufsstand verdrängt wurden. In kleinen Städten und auf dem Lande standen den Bewohnern nur die magiekundigen Heiler zur Verfügung und Leute, die durch ihre Berufstätigkeit Kenntnisse über Anatomie und Körperfunktionen von Menschen und Tieren erworben hatten. Dies waren die Bader, Hebammen, Henker, Abdecker, Hirten und Schäfer. Alle verwendeten bei ihren Kuren magische Mittel. Daneben arbeiteten Wundärzte, die das Handwerk der Chirurgie häufig im Kriegsdienst erlernt hatten.

## Die Wahrsagerin

Als Beispiel für das andere große Betätigungsfeld der weisen Frauen, die Wahrsagerei, möchte ich die Geschichte einer Frau aus der Grafschaft Lippe vorstellen. Die allgemeine Verbreitung von Wahrsagerinnen in der Grafschaft Lippe beschrieb der Lemgoer Pfarrer Hamelmann um die Mitte des 16. Jahrhunderts: „... denn schier kein Winkel ist, da nicht etwa eine alte Hur wohnet, oder welche sich Wahrsagens und gegenwärtiger und zukünftiger Dinge Wissenschaft annehmen und die Menschen betrügen und in große Gefährlichkeit führen. Sie werden doch weise und erfahrne Frauen genannt und dafür gehalten."

Ilse Sölters arbeitete als „Wickersche" und wurde 1599 in Detmold der Zauberei angeklagt. Sie war zum Zeitpunkt ihrer Verhaftung in zweiter Ehe mit dem Detmolder Barbier Curt Werkmeister verheiratet. Daß sie nicht mit dem Namen ihres Ehemannes genannt wurde, war für die Zeit nicht ungewöhnlich. Frauen behielten häufig den Namen ihrer Herkunftsfamilie oder aus erster Ehe, weil sie unter diesem Namen bekannt waren. Ilse Sölters kam aus der kleinen Gemeinde Heiligenkirchen bei Detmold. Einer ihrer Söhne war dort Küster. Zwei weitere erwachsene Kinder, eine Tochter und ein Sohn, werden in ihrer Akte erwähnt. Die Einkünfte aus der Tätigkeit ihres Ehemanns als Barbier waren gering. Barbiere waren nicht zünftig organisiert, und der Beruf genoß nur geringes Ansehen. Die beiden wurden als arme Leute bezeichnet. Ilse Sölters nutzte wie andere arme Frauen den Bedarf an Wahrsagerei, um damit ihren Lebensunterhalt zu verdienen. Ihre Kunden bezahlten ihre Beratung mit Brot, Käse, Flachs und Geld. Ob sie hellseherische Fähigkeiten besaß, läßt sich nicht feststellen, sie hatte zumindest ein Geschick im Umgang mit Leuten. Im Gegensatz zu anderen Wickern benutzte sie keine besonderen Hilfsmittel wie Kristalle oder Spiegel, heilte auch keine Krankheiten und bot keinen Gegenzauber gegen Hexen an. Ihre Tätigkeit wurde als „nachsehen" und „nachweisen" bezeichnet. Sie war spezialisiert auf das „Nachweisen" von Diebstahl und das „Nachsehen" von verlorenen oder gestohlenen Gegenständen und vermißten Personen. Sie arbeitete im engeren Umkreis ihres Wohnortes, Leute aus Heiligenkirchen, Detmold, manchmal auch Bürger aus Lemgo suchten bei ihr Rat. Einige ihrer Kunden wurden im Ermittlungsverfahren als Zeugen über die Praktiken befragt, die sie beim Nachweisen anwendete.

Eine Detmolderin, deren Verlobter, der Weber Christof Wulner, aus dem Krieg nicht zurückgekehrt war, suchte Rat bei Ilse Sölters, um zu erfahren, ob Wulner tot sei oder in einer anderen Stadt eine Frau genommen habe. Die Wickersche versicherte der Kundin, ihr Verlobter lebe, es gehe ihm gut, und er halte sich zur Zeit in Enkhausen auf. Diese Auskunft stellte sich als richtig heraus. Die Söltersche verlangte für ihre Dienste acht Groschen und nahm ihrer Kundin das Versprechen ab, daß sie mit niemandem über den Vorfall reden werde.

Der Bericht über diesen Vorfall stammt von Wulner selbst, der als Zeuge im Prozeß gegen Ilse Sölters befragt wurde. Über die Tatsache, daß er nach dem Krieg nicht nach Detmold zurückgekehrt war und sich in Enkhausen aufgehalten hatte, äußerte er sich nur mit der lapidaren Feststellung, er sei etwas lange ausgeblieben. Welche Geschichte hinter diesem Ausbleiben steckte, ob er von sich aus nach Detmold zurückkehrte oder die Verlobte etwas unternahm, um ihn zurückzubekommen, läßt sich aus den Akten nicht ermitteln. Zumindest kehrte Wulner zurück und heiratete die Frau, der er die Ehe versprochen hatte.

Auch Hans Bruchmeier, dem ein Pferd gestohlen worden war, suchte Rat bei Ilse Sölters. Er schickte seine Tochter, um fragen zu lassen, ob die Wickersche bereit sei, für ihn zu ermitteln, wer sein Pferd gestohlen habe. Der Vorfall ereignete sich vier Jahre vor Ilse Sölters Prozeß. Sie sah sich gezwungen, ihre Wickerei heimlich durchzuführen. Zumindest geht aus ihrer Antwort an die Tochter Bruchmeiers und auch an andere Kunden hervor, daß sie Angst hatte, gerichtlich belangt zu werden. Sie gab zu bedenken, daß sie bereits in Detmold und anderen Orten wegen ihrer Wickerei im Gerede sei und nicht wisse, ob sie diese Arbeit tun dürfe. Trotzdem bestellte sie Hans Bruchmeier zu sich und versicherte ihm, er werde sein Pferd wiederbekommen, der Dieb sei damit in den Wald geritten, und sie wolle ihn so bange mache, daß er aus Angst das Pferd dem Bruchmeier zurück ins Haus bringen werde.

Als die Vorhersage nicht eintraf, forderte die Söltersche Bezahlung für ihr „Nachweisen", sie müsse etwas aus dem Gute ihres Kunden haben, wenn ihre Arbeit wirken solle. Bruchmeier ließ ihr durch seine Tochter einen Käse bringen. Jetzt zog die Wickersche ihre Zusage, für die Rückkehr des Pferdes zu sorgen, zurück und sagte der Tochter, der Dieb habe das Pferd einem anderen verkauft, damit sei die Sache „aus ihrer Hand". Was bedeutete, sie habe nur Macht über den Dieb, nicht aber über diese dritte Person.

Die Ehefrau von Caspar Pothast suchte die Söltersche auf, weil ihr Leinentücher, die sie auf die Bleiche gelegt hatte, gestohlen worden waren. Sie wollte sich von ihr nachweisen lassen, wer der Dieb sei. Ilse Sölters nannte die „dicke Gertrud" und riet ihrer Kundin, jemanden zur Diebin zu schicken und von ihr die Leinentücher zurückzuforden. Die Magd, die zur dicken Gertrud geschickt wurde, traf diese nicht zu Hause an, aber die Nachbarn übermittelten der Frau, daß Anna Pothast die Leinwand von ihr zurückfordere. Daraufhin ging Gertrud zur Pothast, brachte die Tücher zurück und behauptete, sie habe diese beim Stadtgraben gefunden, wo die Pothastsche Magd sie sicher habe liegen lassen.

Dieser Vorfall liefert ein anschauliches Beispiel dafür, wie die Dienste der Wickerschen funktionierten. Voraussetzung für ihr Nachweisen war, daß sie über das, was im Ort geredet wurde und geschah, genauestens informiert war. Außerdem brauchte sie eine gute Intuition und Geschick im Ausfragen der Leute. Hatte sie tatsächlich einen Dieb oder eine Diebin ermittelt, bestand für diese die Möglichkeit, die Sache zu verharmlosen, indem sie angaben, den Gegenstand gefunden zu haben. Insofern spielten die Wicker und Wickerschen, wenn sie geschickt arbeiteten, einen wesentlichen Part im Gefüge gegenseitiger Sozialkontrolle und bei der Regelung von Konflikten in den Gemeinden. Andererseits konnten sie durch Verbreitung von Diebstahl-Verdächtigungen auch Streit und Feindschaften auslösen.

Auch Johann Protts Ehefrau suchte Rat bei Ilse Sölters. Sie hatte ihre Magd Lucia zu der Frau von Stolzenau geschickt, um von dieser Geld zu holen, das sie ihr schuldete. Als die Magd „über die Zeit" ausblieb, sorgte sich die Prott, daß sie vielleicht überfallen und ausgeraubt worden wäre oder mit dem Geld weggelaufen sei. Ilse Sölters sagte ihr, sie solle sich nicht sorgen, die Magd sei auf dem Weg, bringe die Hälfte des ausstehenden Geldes und komme am selbigen Tag zurück. Die Voraussage traf ein.

Weniger Erfolg hatte Lisabeth, die Ehefrau Peter Trumpers, der nach eigenen Aussagen verschiedene Male aus ihrem Hause etwas abhanden gekommen war. Die um Rat aufgesuchte Söltersche hatte ihr zugesagt, wenn sie ihr eine „Urkunde" gäbe – vermutlich eine Umschreibung für Bezahlung –, wollte sie bewirken, daß sie das verlorene Gut wieder bekomme. Obwohl sie der Wickerschen zweimal etwas gegeben hatte, war nichts von dem Verlorenen zurück in ihren Besitz gelangt.

Ilse Sölters wurde nicht wegen ihrer Wickerei verhaftet – Wahrsagerei war nicht strafbar –, sondern weil sie von ehemaligen Nachbarn in Heiligenkirchen der Zauberei verdächtigt und damit ins Gerede gebracht worden war. Die Verdächtigungen standen nicht in unmittelbarem Zusammenhang mit ihrer Tätigkeit, und es waren nicht ihre Kunden, die sie verdächtigten. Der Amtsankläger als Vertreter der Obrigkeit, des Grafen zur Lippe, und der Detmolder Pfarrer, der als Zeuge gegen sie auftrat, versuchten allerdings eine Verbindung zwischen Wickerei und Zauberei herzustellen. Dies entsprach der Haltung der Obrigkeit, die diese Praktiken ablehnte, weil sie unchristlich seien, Unruhe in der Bevölkerung brächten und Leute gegeneinander aufhetzten. Obrigkeit und Kirche sahen in allen magischen Praktiken einen „ersten Schritt zur Zauberei". Der Pfarrer hatte Ilse Sölters bereits vor ihrer Verhaftung wegen ihrer gottlosen Lebensführung und ihrer „Anmaßung", Wahrsagerei zu betreiben, die Abnahme der Beichte und die Teilnahme am

Abendmahl verweigert. Er warf ihr außerdem vor, Unfrieden unter Eheleuten zu stiften. Diese Äußerung läßt darauf schließen, daß sie von Frauen und Männern aufgesucht wurde, die ihren Ehepartner des Ehebruchs verdächtigten und zur Aufkärung ihre Wahrsagerdienste in Anspruch nahmen.

Der Verteidiger, der ihr nach geltendem Recht gestellt wurde, argumentierte, sie habe lediglich im Rahmen nachbarlicher Hilfe den Leuten mit „guten Vertröstungen" geholfen und niemandem damit ein Leid zugefügt. Er berief sich außerdem auf die in der Grafschaft Lippe und dem Stift Paderborn allgemein verbreitete Praxis der Wickerei und führte an, daß die Obrigkeit diese Tartaren (damit waren offensichtlich Zigeuner gemeint), Planetenleser und Wahrsager auch sonst dulde, und daß Angehörige aller Schichten diese Leute aufsuchten. Der Ehemann Ilse Sölters, der Barbier Curt Werkmeister, sei sogar von einer reichen Frau, der auf einer Reise ihr Gold- und Silberschmuck abhanden gekommen war, an einen berühmten Wicker im Stift Paderborn geschickt worden, der ihr weissagen sollte, wie sie ihre Kleinodien wieder zurückbekommen könne.

Da die Verbindung von Wickerei und Zauberei in der Fähigkeit der Ratgeberin gesehen wurde, Dinge zu bewirken, die anderen nicht möglich waren, mußte Ilse Sölters glaubhaft machen, daß ihre Erfolge auf normaler Urteilskraft und guter Beobachtungsgabe beruhten. Als Bruchmeier sie wegen des gestohlenen Pferdes aufsuchte, habe sie sich erboten, Gott zu bitten, das Herz des Diebes dahin zu lenken, daß dieser das Pferd zurückgebe. Daß die dicke Gertrud das Leinen von der Bleiche gestohlen habe, wüßte sie aus eigener Beobachtung. Des Abends auf ihrem Weg nach Heiligenkirchen habe sie gesehen, wie die Frau am Stadtgraben bei der Bleiche ein Tuch weggenommen habe. Sie selbst habe über diese Beobachtung geredet, und als Anna Pothast das zu Ohren gekommen sei, habe diese sie aufgesucht und gebeten, ihr die Diebin namentlich zu nennen. Die hellseherischen Fähigkeiten im Fall des ausgebliebenen Verlobten erklärt sie folgendermaßen: Die jetzige Ehefrau Christof Wulners sei vor Jahren zu ihr gekommen und habe geklagt, ihr Vater wolle sie an Nikolaus Rhoden verheiraten, sie habe sich aber mit Christof Wulner verlobt und wisse jetzt nicht, was sie tun sollte, weil der Wulner so lange ausbleibe und aus dem Krieg nicht zurückgekehrt sei. Darauf habe sie der jungen Frau geraten, sie solle auf ihr Herz hören, der Wulner sei ein junger Geselle, der es nicht so eilig habe, nach Hause zu kommen, er würde aber, so Gott wolle, bald wiederkommen. Den Aufenthaltsort des Mannes nachgewiesen zu haben, bestritt die Söltersche.

Im ersten gütlichen Verhör stellte sie ihre Beratungen als wohlgemeinte nachbarliche Ratschläge dar, im späteren peinlichen Verhör gestand sie, Segenssprüche bzw. Gebete bei ihrer Arbeit zu verwenden. Sie habe schon als junges Mädchen ein Gebet von der inzwischen verstorbenen Wackerschen gelernt. Es beinhaltete die Bitte, daß Gott denjenigen, für welchen sie das Gebet sprach, vor allem Schaden behüten solle. Es lautete folgendermaßen:

Christus Jesus wolle uns diesen Tag wenden. Ich und der liebe Jesus miteinander. Was gibst du lieber Vater an mich, dein heiliges Wort und dein teures Blut, das durch deine heiligen fünf Wunden gestochen wurde, daß mich kein Baum kann fällen noch Schaden tun, daß mich keine Waffe kann schneiden, es sei Stahl oder Eisen, das geschmiedet ist, seit der Zeit, daß Jesus Christus geboren ist. Es sprungen drei Gesellen vor die Hölle, so springen alle meine Feinde sichtbar und unsichtbar. Sie bringen mir sein heiliges Wort und sein teures Blut, das durch seine heiligen fünf Wunden gestochen worden, das helfe mich Gott der Vater, Gott der Sohn und Gott der heilige Geist in Ewigkeit, Amen.

Dieses Gebet zeigt die typische Mischung christlich-magischer Formeln, es vereinigt christliche Anrufungen mit Abwehrzauber und enthält in Bezug auf die Feinde Elemente von Schadenzauber. Auch die Anwendung folgte dem magischen Prinzip der doppelseitigen Wirkung. Wenn sie das Gebet nicht recht sprechen konnte und gestammelt habe, sei dem Menschen ein Unglück zugestoßen, wenn sie es richtig gesprochen habe, sei demjenigen Gesundheit und Wohlstand begegnet.

Demselben Prinzip folgten die Schadenzaubervorwürfe gegen sie. Sie sollte ihre magischen Fähigkeiten entsprechend dem Hexenmuster für eigennützige Interessen und zum Schaden anderer eingesetzt haben. Als sie in Heiligenkirchen lebte, hatte sie offensichtlich gehofft, daß der Sohn des Pfarrers ihre Tochter zur Ehe nähme, sobald er die Nachfolge seines verstorbenen Vaters antreten und einen eigenen Haushalt gründen werde. Unter den Bewohnern von Heiligenkirchen ging das Gerücht, der Pfarrerssohn habe der Tochter der Sölterschen die Ehe versprochen. Ob diese Gerüchte den Tatsachen entsprachen, läßt sich aus den Prozeßakten nicht entnehmen. Da ein Sohn der Sölters als Küster arbeitete, waren engere Kontakte der Familie Sölters zum Pfarrhaus nicht ausgeschlossen. Die erhoffte oder versprochene Ehe wurde nicht geschlossen, und die Amtseinsetzung des jungen Pfarrers wurde durch unglückliche Umstände mehrmals verhindert. Jedesmal, wenn der Superintendent zum Zwecke der Ordinierung des Pfarrers nach Heiligenkirchen reiten wollte, erkrankte er. Als er schließlich starb, redeten die Heiligenkirchner, die Sölters hätte ihm die Krankheiten angetan, um die Ordination des Pfarrers zu verhindern und ihn damit wegen des gebrochenen Eheversprechens zu strafen.

Der andere Vorwurf kam von einem ehemaligen Nachbarn in Heiligenkirchen, Johann Dammeier, dem sie eine Krankheit angehext haben sollte. Dieses Ereignis lag zur Zeit ihres Prozesses bereits zehn Jahre zurück. Dammeier war von Zisenop gebeten worden, Pate bei dessen Kind zu sein. Ilse Sölters hatte sich dazu geäußert und gesagt, die Gevatterschaft werde ihn viel kosten, womit sie vermutlich die materielle Seite der Patenschaft angesprochen hatte. Dammeier nahm dies als Drohung wahr, und als er zum Zeitpunkt der Taufe krank wurde und die Patenschaft nicht wahrnehmen konnte, verdächtigte er Ilse Sölters, ihm dies angetan zu haben. Den Beweis für seinen Verdacht sah er in mehrmaligen Besuchen Ilse Sölters auf seinem Hof. Zweimal habe sie nachgefragt, wann Dammeiers Tochter aus Detmold zurückkäme, einmal habe sie eine Harke ausgeliehen, habe dabei seine Gesundheit gelobt und ihm dreimal über den Kopf gestrichen. Später, als er krank war, habe sie ihm etwas zu essen gebracht, was ihn stärken und ihm helfen sollte, gesund zu werden. Nachdem er das gegessen hätte, sei es ihm so schlecht ergangen, daß er gemeint habe, er müsse sterben. Dammeier verbreitete im Dorf, Ilse Sölters habe ihn durch Zauberei geschädigt. Wegen dieses Geredes hatte sie vor zehn Jahren beim Freigericht eine Beleidigungsklage gegen Dammeier angestrengt, die jedoch zu keinem Ergebnis führte.

Ilse Sölters wurde freigelassen. Ihr Verteidiger hatte beiden Schadenzauber-Vorwürfen widersprochen. Den Tod des Superintendenten Johann von Exter führte er auf dessen hohes Alter und seine „natürlichen Gebrechen" zurück. Im Falle Dammeiers argumentierte er, dessen Krankheit sei nicht durch Zauberei verursacht worden, sondern sei eine Strafe Gottes gewesen. Dammeier habe den Zorn Gottes auf sich gezogen, weil er seine Taufpatin Marie Spilkering beschlafen, damit die Taufe verunehrt und sich unwürdig gemacht habe, selbst als Pate an diesem Sakrament teilzunehmen.

Die um Rechtsbeistand ersuchte Juristenfakultät der Universität Helmstedt hatte angeordnete, nur ein gemäßigtes peinliches Verhör vorzunehmen, weil die Angeklagte alt und gebrechlich sei und die Gefahr bestünde, daß sie eine scharfe Tortur nicht überlebe. Ihre Aussagen in diesem Verhör brachten keine hinreichenden Beweise für Zauberei. Als der Amtsankläger daraufhin ein weiteres peinliches Verhör beantragte, lehnten die Helmstedter Rechtsgelehrten ab und empfahlen die Entlassung der Verhafteten.

Ilse Sölters Fall zeigt, daß zwar ein Interesse von Kirche und Obrigkeit an Unterbindung magischer Praktiken und der Tätigkeit magiekundiger Leute bestand, daß die Hexenprozesse jedoch nicht generell eingesetzt wurden, um diese Leute oder gar speziell die weisen Frauen auszuschalten. Dies läßt sich auch in anderen Regionen feststellen. Obwohl in Hildesheim mehrere Frauen, die dem Bild der „weisen Frauen" entsprachen, wegen Hexerei angeklagt waren, wurden nicht alle auch wegen Hexerei verurteilt. Während Ilse Ridder 1564 hingerichtet wurde, mußte die von ihr als Komplizin benannte Cordesche, die von „großen und geringen Leuten wegen Leibesgebre-

chen zu Rate gezogen" wurde, 1565 aufgrund eines
Rechtsgutachtens aus der Haft entlassen werden. Catharina Grünberg, die Ehefrau eines Soldaten, die im Land
umherzog, als Handleserin und Wahrsagerin ihren Unterhalt verdiente und aus der Kristallkugel las, wurde wegen Betrugs, weil sie den Leuten Geld aus der Tasche
ziehe, 1629 mit Ruten geschlagen und aus der Stadt ver-
wiesen.

Entgegen der heute verbreiteten populären Meinung waren die als Hexen verurteilten Frauen nicht mehrheitlich
weise Frauen. In den Gemeinden wurden Hexen nicht für
weise, sondern für böse Frauen gehalten. Die weisen
Frauen waren Gegenspielerinnen der Hexen und sahen
sich häufig selbst auch als solche. Sie profitierten vom
Hexenglauben und der Angst vor Hexen, weil sie als Ratgeberinnen auch Kunden hatten, die sich behext glaubten. Die Kirche kritisierte zwar die magiekundigen
Frauen und rückte sie in die Nähe der Hexen oder erklärte sie gar zu Hexen, auf ihre Stellung in der Gemeinde hatte dies aber keinen entscheidenden Einfluß.
Die Einbeziehung solcher Frauen in die Hexenverfolgung
war regional unterschiedlich intensiv. Obwohl also weise
Frauen aufgrund ihres Umgangs mit Magie in den Verdacht der Hexerei geraten konnten, bildeten sie nicht die
Mehrheit derer, die in Hexenprozessen verurteilt wurden.
Das Hexenbild war vielschichtig, und dementsprechend
vielfältig waren die Anlässe, Frauen für Hexen zu halten.

## 4. Böse Weiber

Bosheit war das gemeinsame Wesensmerkmal der unterschiedlichen Hexentypen. Die Unholden und Trutten
waren ehemals böse Geister gewesen, die Zauberin

wurde dadurch zur Hexe, daß sie ihre magischen Kräfte in böser Absicht zum Schaden anderer einsetzte, und die Teufelshure war mit dem Satan, dem Prinzip des Bösen, vereinigt. Nach den frühen Hexenprozessen in Oberdeutschland gegen Ende des 15. Jahrhunderts wurden Geistliche und Rechtsgelehrte nicht müde zu betonen, daß mit den Bezeichnungen Hexen oder Unholden die „bösen Weiber" und die „verkehrten bösen Weibspersonen" gemeint seien. Der Volksprediger Thomas Murner stellte 1512 in seiner Versdichtung „Narrenbeschwerung" das böse alte Weib als Inbegriff der Hexe hin, die sich dem Teufel verschrieben habe. Die Verfasser des „Hexenhammers" hatten 1487 die besondere Anfälligkeit der Frauen für das Verbrechen der Hexerei mit ihrer Bosheit begründet. Daß Frauen den Männern an Bosheit überlegen wären, konnten sie durch Aussagen der Kirchenväter, antiker Autoren und durch Bibelzitate belegen. Hatte doch schon der Prediger im Alten Testament festgestellt: „Gering ist alle Bosheit gegen die Bosheit des Weibes."

Das Spektrum der Begründungen, die Traktatschreiber und Prediger für die besondere Neigung der Frauen zur Bosheit anführten, reichte von der moralischen Schwäche der Frau, die sie anfällig für die Verführungen des Satans machte, über ihre körperliche Beschaffenheit – die bösen Dämpfe ihrer monatlichen Reinigung stiegen ihr zu Kopf und machten ihr böse Gedanken – bis hin zur sozialen Situation der alten Frauen. Weil sie, von allen verachtet und verworfen, in Not und Armut leben müßten, ließen sich alte Weiber zu „bösen Dingen" gebrauchen, ergäben sich dem Teufel und gingen mit Zauberei um.

Im Bild des bösen Weibs wurden Hexereivorstellungen mit einem negativen Frauenbild verknüpft, das Tradition hatte. Die lose Zunge, die Geschwätzigkeit, galt als eine der typisch weiblichen Untugenden. Das Kennzeichen der bösen Weiber war das böse Maul, ihre Streitsucht, ihre Neigung zum Fluchen und zum Verfluchen. Die fluchenden, streitsüchtigen, „kläffenden" Weiber, die sich der gottgewollten Ordnung nicht fügen und Meisterin des Ehemanns sein wollten statt seine Gesellin, wie es Geiler von Kaysersberg ausdrückte, wurden in Predigten und Ehetraktaten als abschreckendes Beispiel dem Ideal der guten frommen Ehefrau gegenübergestellt. Die Frauen, die nach „Weibermacht" strebten, wurden damit in die Nähe der Hexen gerückt. Beide repräsentierten die „verkehrte Welt". Sie kehrten die Ordnung um, schafften Unordnung und galten insofern als Bedrohung für die christliche Gesellschaft. Frauen, die in den Gemeinden als streitsüchtig erlebt wurden, die verbal aggressiv waren, lästerliche Reden führten und die „Ordnung" angriffen, waren gefährdet, für Hexen gehalten zu werden.

1588 erfüllte das Treiben „böser Weiber" in der Gemeinde Lüdenhausen (Grafschaft Lippe) den Pfarrer und die ganze Gemeinde mit Abscheu. Die als „Zaubersche" berüchtigte Lueke Düsting und ihre „Helferinnen", die Ulemeiersche und Joachim Salomes Frau, waren von der Meierschen im Felde überrascht worden, als sie eigenmächtig das Sakrament des heiligen Abendmahls vollzogen und Brot und Wein untereinander austeilten. Nach Aussagen der Meierschen hatten sie ihr gottloses Treiben noch mit frechen Reden begründet. „Es sei wohl so gut, als wenn sie es vom Pfaffen beim heiligen Altar empfangen hätten." Da sie sich erdreistet hatten, die göttliche Ordnung zu verhöhnen, mußte die Gemeinde fürchten, von Gott gestraft zu werden, falls diese Tat ungesühnt bliebe. Die „bösen Weiber" hatten nicht nur die Schranken zwischen Geistlichen und Laien aufgehoben, indem sie sich anmaßten, Handlungen kirchlicher Würdenträger zu übernehmen, sie hatten auch die Ordnung der Geschlechter umgekehrt, die grundsätzlich den Männern die Ausübung kirchlicher Rituale vorbehielt.

Was vermutlich ein normales Vesperbrot im Felde war und von den Frauen durch provozierende Reden mit dem kirchlichen Abendmahl verglichen worden war, sah die Meiersche und vor allem der Pfarrer, dem sie davon berichtete, als Umkehrung der heiligen Handlung und als Hostienzauber an. Der Pfarrer wußte, daß „die bösen Weiber die gesegneten Hostien nach der Communion wieder aus dem Mund nehmen, durch ihre teuflische Zauberei aus denselben Hostien ein Gift zurichten, damit sie Menschen und Vieh vergiften und zu Tode zaubern und ihren Nachbarn Geil und Früchte aus dem Acker nehmen".

Geschichten über verübten Hostienzauber waren allgemein bekannt, wurden durch Erzählungen und über Flugblätter verbreitet.

Das auf der folgenden Seite abgebildete, 1567 in Nürnberg gedruckte Flugblatt zeigt das Stereotyp. Auch hier sind es drei Frauen, die eigenmächtig das Sakrament vollziehen und untereinander austeilen. Der Ort ist ein Feld, wo sich Hexen zu treffen pflegen, außerhalb der Ordnung der Stadt oder des Dorfes. Die Frau, die das Sakrament austeilt, wird sichtbar vom Teufel als Dämon regiert. Die Ähnlichkeit dieser Darstellung mit der Situation in Lüdenhausen ist auffällig.

Frauen, die solche „abscheulichen Verbrechen" begingen, waren nach Ansicht der Dorfbewohner und des Pfarres auch fähig, mit Hilfe des Teufels Menschen zu töten. Für die Gemeinde stand fest, daß die Ehefrau des Pfarrers, die

# Gründtlicher warhaff-

tiger Bericht/was sich am tag Klingun-
dis den 3. Martij/zwischen etlichen Dienstmägden
auffm Feldt/nicht weit von dem Dorff Poppen-
reuth / eine kleine Meyl wegs von der Stad Nürenberg gelegen / Für eine Wunderliche Erschröck-
liche Geschicht/verloffen vnnd zugetragen. Mit
angehengter Warnung vnnd Vermanung/ Das
sich menniglich vor dergleichen leichtfertig-
keit /verachtung GOTTES Worts/
vnnd der Heiligen Sacramen-
ten/fleissig hüten wolle.

Erstlich zu Nürenberg durch Valentin
Geyßlern gedruckt.

Flugblatt, Nürnberg 1567

106

lange krank gelegen hatte und elendig gestorben war, nur von diesen Frauen „vergiftet" worden sein konnte.

Als besonders böses Weib und Anstifterin der beiden anderen galt Lueke Düsting, auch Muß Lueke genannt. Sie war im Kirchspiel schon seit zwanzig Jahren für eine „Zaubersche" gehalten worden. Als sie 1588 wegen Zauberei angeklagt wurde, war sie Witwe und lebte im Hause ihres Sohnes. Wie viele Frauen verrichtete sie Lohnarbeit im Textilgewerbe. Sie ging gelegentlich für einige Tage nach Lemgo, um für einen Kaufmann zu weben. Die als Zeugen auftretenden Dorfbewohner beschrieben Lueke Düsting als ein furchteinflößendes böses altes Weib. Man fürchte sich dermaßen vor ihr, daß jeder vermeide, mit ihr in Streit zu geraten, aus Angst, sie könne Rache üben. Außerdem lasse niemand mehr seine Kinder allein die Kühe in den Brachfeldern hüten, da Muß Lueke ihnen oder den Kühen etwas antun könnte. Diejenigen, die ihr Zauberei nachsagten, überhäufe sie mit solch schrecklichen Flüchen und Verwünschungen, daß ihnen angst und bange würde, denn, was sie den Leuten „wünsche", das könne sie wohl halten. So war sie nach einem Streit zwischen ihrem Sohn und Curt Pflüger vor Pflügers Haus erschienen, hatte geflucht und ihm Übles gewünscht. Als die ganze Familie später erkrankte und die zwölfjährige Tochter des Pflügers im Verlauf ihrer Krankheit erblindete, wurde dies als Ergebnis der Verfluchung gedeutet.

Im Widerspruch zu dem Bild der gefährlichen Zauberin, das die Dorfbewohner präsentieren, stehen die eigenen Aussagen der angeklagten Lueke Düsting, aus denen hervorgeht, daß sie selbst in großer Angst vor den Dorfbewohnern lebte. Nachdem sie erfahren hatte, daß Curt Pflüger ihr die Verantwortung für die Blindheit seiner

Tochter zuschrieb, wußte sie, daß sie in Gefahr war, als Zaubersche angeklagt zu werden. Sie versuchte, weiteren Konflikten und Zaubereibezichtigungen aus dem Weg zu gehen, indem sie nur selten das Haus verließ und Begegnungen mit Nachbarn vermied.

Wie Lueke Düsting und ihre „Helferinnen" wurden auch in anderen Gemeinden Frauen, die der Zauberei verdächtigt wurden, von den Prozeßzeugen nach dem Bild der bösen Weiber beschrieben: übelwollend, neidisch, voller Haß gegen ihre Mitmenschen und mit vielen in der Gemeinde im Streit. Das Klima, in dem Hexerei-Verdächtigungen entstanden, war durch Angst und Haß auf beiden Seiten bestimmt, denn die Konflikte konnten tödlich enden. Die verdächtigten Frauen fürchteten sich vor der gerichtlichen Verfolgung. Und diejenigen, die mit ihnen in Streitigkeiten verwickelt waren, hatten Angst vor der Rache der Zauberschen.

Die Vorstellung, daß Frauen dazu neigten, sich durch Zauberei heimlich zu rächen, war ein zentrales Element des gelehrten und volkstümlichen Hexenglaubens. Im „Hexenhammer" wurde betont, daß Frauen „sich heimlich, da sie keine Kräfte haben, leicht durch Hexenwerke zu rächen suchen". Im Märchen Dornröschen verflucht die dreizehnte Fee das Kind in der Wiege aus Rache dafür, daß man sie nicht eingeladen hat. In den Gemeinden wurde Frauen unterstellt, daß sie sich durch Zauberei rächten, wenn sie ihre Interessen in einem Konflikt nicht hatten durchsetzen können oder wenn ihnen Unrecht zugefügt worden war.

Der Zaubereivorwurf gegen Ilse Sölters, den Superintendenten Johann von Exter umgebracht zu haben, war nach diesem Muster entstanden. Hier ging es um Rache wegen eines nicht eingehaltenen Eheversprechens. In anderen Fällen waren es Erbstreitigkeiten, die Aufkündigung von Pachtverträgen, Weigerungen, etwas zu verkaufen oder zu verleihen oder Ehrverletzungen, wofür Frauen sich durch Zauberei gerächt haben sollen.

Ein häufiger Streitpunkt in Dörfern und kleinen Landstädten, deren Bewohner Ackerbau betrieben und Vieh hielten, waren Schäden, die das Vieh in den Feldern anrichtete. Im Rahmen der Dreifelderwirtschaft blieb ein Teil der Äcker im Wechsel brach liegen und diente als Viehweide. Kühe, Pferde oder Schweine, die nicht hinreichend beaufsichtigt wurden, konnten in die benachbarten Feldern laufen, das Getreide oder andere Früchte abfressen, niedertreten und das Feld verwüsten. Für solche Fälle gab es innergemeindliche Regelungen. Der geschädigte Besitzer des Feldes konnte das Vieh pfänden, bis der Eigentümer des Tieres den Schaden beglichen hatte. Leute, die nur eine Kuh besaßen und den Schaden nicht bezahlen konnten, waren durch Pfändungen empfindlich getroffen, denn die Milch der Kuh kam dem Pfänder zugute. Da die Frauen für die Versorgung des Viehs, mit Ausnahme der Pferde, zuständig waren, gehörten solche Konflikte zu ihrem Alltag. Bei den Pfändungen kam es grundsätzlich zu Streit, gegenseitigen Beschimpfungen und Drohungen. Nach dem Hexenmuster wurden die Flüche und Drohungen der Frauen als Ankündigungen von Rache durch Zauberei aufgefaßt.

Zwei Fälle aus der Grafschaft Lippe zeigen Frauen in unterschiedlichen Positionen in solch einem Konflikt. Die Winekesche aus Belle verfluchte Hinrich Jorgen, dessen Pferde in ihr Feld gelaufen waren und den Hafer abgefressen hatten. Als mehrere Pferde starben, wurde ihr Zauberei unterstellt. Die einzige Kuh der Lueke zu Osterholz wurde vom Knecht des Meiers gepfändet, als er sie im Roggenfeld vorfand. Die Frau wollte die Kuh nicht herausgeben, der Knecht wandte Gewalt an und nahm die Kuh mit. Die empörte Frau lief ihm nach und rief in ihrem Zorn: „Nun treib sie hin, ich will dich lehren, wie du Kühe pfänden sollst." Kurz darauf bekam der Knecht Schmerzen in den Beinen und wurde krank. Für ihn stand fest, daß das „böse Weib" ihm das angetan habe.

Bei solchen Streitigkeiten zu fluchen und dem Gegener Übles zu wünschen, war auch unter Männern üblich, der Schadenzauber-Vorwurf traf jedoch immer die Frau. Dies zeigt ein Fall aus Tundern. Johann Plöger forderte von Curt Walterberg Schadenersatz in Form von mehreren Scheffeln Roggen, weil dessen Schweine sein Roggenfeld abgefressen hätten. Die Männer gerieten darüber in Streit, in dessen Verlauf Walterberg äußerte, „der Plöger werde zu groß, man müsse ihn etwas kleiner machen". Plöger faßte dies als Drohung auf, stellte Walterberg daraufhin vor Zeugen zur Rede und fragte, wie er seine Worte verstehen sollte. Walterberg war jedoch weder bereit, sich zu entschuldigen, noch wollte er seine Äußerung erklären. Als Plöger kurz darauf vier Pferde und vier Kühe starben, unterstellt er Walterbergs Ehefrau, sie habe sich anstelle ihres Mannes mit Zauberei gerächt.

Das Hexenbild des bösen Weibs, der rachsüchtigen Frau, die Zauberei anwendete, bezog sich auf gängige Rollenvorstellungen. Als die Waffen der Frau wurden ihre „böse Zunge" und ihre „Heimlichkeit" angesehen und damit ihre Neigung zu heimtückischen Verbrechen wie Zauberei begründet. Im Gegensatz dazu stand das Rollenbild des Mannes, der sich im offenen Kampf mit körperlicher Gewalt verteidigte. Deshalb galten für Männer Verbrechen wie Diebstahl oder Betrug, die heimlich verübt wurden, als besonders schändlich. Die Bezeichnungen Dieb und Schelm (Betrüger) gehörten zu den entehrendsten Schimpfworten für Männer. Rollenbilder zeigen allerdings nur die Norm, die Wirklichkeit sah anders aus. Auch Männer hatten eine böse Zunge, beschimpften und verfluchten einander; umgekehrt wendeten auch Frauen bei Streitigkeiten körperliche Gewalt an, prügelten sich sowohl untereinander als auch mit Männern. Dennoch folgte die Zuschreibung von Zauberei dem Rollenklischee: Frauen lösen ihre Konflikte, indem sie heimliche Rache üben und Zauberei anwenden.

# IV.

## Eine Frau wird zur Hexe

### 1. Zuschreibungsregeln und -rituale in der Gemeinde

*Hexenbannen*

Als Catharina Staudinger am 16. Juli 1656 in Marburg vor einer Gerichtskommission gestand, daß sie eine Hexe sei, bestätigte sie nur, was ihre Nachbarn schon seit langem vermutet oder gar gewußt hatten. In den letzten Jahren vor ihrem Prozeß war sie mehrfach bezichtigt worden, Menschen Krankheiten angehext zu haben. Zu diesem Zeitpunkt hatte sie bereits den Ruf, eine Hexe zu sein, deshalb schrieb man ihr die Verantwortung für die Krankheiten zu. In den einzelnen Fällen waren weder Streitigkeiten vorausgegangen noch lassen sich Interessenskonflikte zwischen ihr und den Geschädigten feststellen. Catharina Staudinger entsprach nicht dem Bild des fluchenden bösen Weibs und war auch keine magiekundige Frau, die über besondere Kenntnisse verfügte und sich deshalb verdächtig gemacht hätte. Der erste Hexereiverdacht war durch eine weise Frau, eine Wahrsagerin und Heilerin, ausgelöst worden. Catharina Staudinger gehörte zu der großen Zahl von Frauen, die als Hexen angeklagt wurden, ohne besondere „Hexenmerkmale" zu haben: „normale" Bürgerinnen, Bäuerinnen, häufiger Frauen aus den unterbürgerlichen und unterbäuerlichen Schichten, Frauen, die verheiratet oder verwitwet und überwiegend alt, d. h. über vierzig Jahre alt waren.

Als sie zum erstenmal der Hexerei bezichtigt wurde, etwa dreißig Jahre vor ihrem Prozeß, war sie Ehefrau und hatte selbst kleine Kinder. Sie war vom Lande nach Marburg in einen Handwerker-Haushalt als Dienstmagd gekommen und hatte den Marburger Schmied Heinrich Staudinger geheiratet. Die Tatsache, daß sie nicht einheimisch war, führte bei ihren Nachbarn möglicherweise zu einer mißtrauischen Haltung ihr gegenüber. Frauen, die als Hexen verdächtigt wurden, waren an ihrem Wohnort häufig „Fremde", Eingeheiratete.

Catharina Staudinger wurde damals vorgeworfen, ein Kind verhext zu haben. In ihrer Nachbarschaft war der dreijährige Sohn des Schmiedes Benedikt Guth krank geworden. Als seine Kräfte mehr und mehr abnahmen und kein Mittel half, gingen die Eltern mit dem Kind zum Bader, daß er es sich ansehe. Der Mann untersuchte den Körper des Kindes, und da er keine Anzeichen für eine der üblichen Krankheiten finden konnte, teilte er den Eltern mit, das Kind sei verhext. Er selbst konnte in solchen Fällen nicht helfen. Deshalb zog Benedikt Guth eine weise Frau aus Rosenthal zu Rate, die angehexte Krankheiten heilen konnte. Diese bestätigte die Verhexung und machte das Kind nicht nur wieder gesund, sondern war auch bereit – auf Drängen der Eltern –, diejenige, die das Kind behext habe, zu bannen. Die Bezeichnung „bannen" wurde im Sinne von „in den Bann ziehen" gebraucht. Die Ratgeberin wollte veranlassen, daß die Täterin des anderen Tags gegen Mittag zwischen elf und zwölf Uhr im Hause der Guths erscheinen und etwas fordern werde, „was der zwanzigste Bürger nicht brauche, noch zu gebrauchen hätte".

Am nächsten Tag gegen Mittag kam Catharina Staudinger in das Haus des Schmiedes und forderte eine Wurfschaufel zurück, die sie als hilfsbereite Nachbarin der Frau ausgeliehen hatte. Die Wurfschaufel war ein Arbeitsgerät, das beim Dreschen zum Trennen der Spreu vom Getreide benutzt wurde. Da es erst im 17. Jahrhundert neu entwickelt worden war, besaßen es nur wenige Bürger, und es wurde auch nur von denen gebraucht, die über genügend Ackerland zum Getreideanbau verfügten. Damit stand für Frau Guth fest, daß Catharina Staudinger die Täterin sei, die durch die Kraft der Hexenbannerin geschickt worden war. Die aufgebrachte Mutter drückte dem nebenstehenden Schmiedegesellen das Kind in den Arm, ergriff die nächstbeste Schaufel und wollte damit voller Zorn auf die ahnungslose Staudinger einschlagen. Diese floh aus dem Haus und wurde von der Guth die Gasse hinunter verfolgt mit den Worten „Du Hexe, du Schandhure, hab ich das verdient, daß du mir mein Kind behext hast!" Die Reaktion der Frau Guth war nicht nur spontan, sondern entsprach gleichzeitig den Regeln, die in den Gemeinden den Umgang mit Frauen bestimmten, die der Hexerei verdächtig waren. Die Bezichtigerin machte den Hexereivorwurf öffentlich, alle Bewohner der Gasse wurden Zeugen dieses Vorfalls. Nach den Rechtsvorstellungen der Zeit hätte die Beschuldigte sich verteidigen müssen – auch dafür gab es vorgeschriebene Regeln und Rituale –, tat sie es nicht, galt der Vorwurf als berechtigt und wahr. Catharina Staudinger vermied es, der Guth noch einmal zu begegnen und schlich auf Umwegen in ihr Haus zurück. Damit war ihr Ruf als Hexe begründet.

Zum Prozeß kam es zu diesem Zeitpunkt noch nicht, aber das Ereignis blieb im Gedächtnis. Die erste Zuschreibung von Hexerei gab den Leuten Anlaß, nachfolgende Ereignisse als verdächtig wahrzunehmen. Dreißig Jahre später, als das Ermittlungsverfahren wegen Hexerei gegen Catharina Staudinger eröffnet wurde, trat Heinrich Guth, der Bruder des damals „verhexten" Reinhard Guth, als Zeuge auf. Seine Aussagen über den Ablauf des vergangenen Geschehens waren so angelegt, daß sie das Hexenmuster erfüllten und die verdächtigte Staudinger alle Verhaltensmerkmale einer schuldigen Person aufwies. Der Bericht läßt die Regeln erkennen, denen die Zuschreibung von Zauberei in einer Gemeinde folgten. Die urplötzliche Erkrankung und die vergeblichen Kuren ließen auf Hexerei schließen. Der Verdacht kam nicht von den Eltern, sie waren „arglos", zwei Experten stellten die Diagnose. An den Namen der weisen Frau wußte der Zeuge sich nicht zu erinnern. Das entspricht dem allgemeinen Verhalten, man nannte Ratgeber und Ratgeberinnen vor Gericht nicht beim Namen, um sie nicht zu gefährden. Dem Erscheinen der Staudinger, die in der Nachbarschaft wohnte, war der Charakter des Zufälligen genommen, es entsprach den Merkmalen, welche die weise Frau genannt hatte. Da die Mutter des Zeugen die Hexerei-Bezichtigung zu einem öffentlichen Akt vor allen Nachbarn in der Gasse gemacht hatte, hätte die Beschimpfte der Anschuldigung widersprechen müssen, wenn sie unschuldig gewesen wäre. Stattdessen hatte sie sich heimlich davongeschlichen, was als Schuldeingeständnis galt. Heinrich Guth wußte noch weitere belastende Tatsachen anzuführen. Als Catharina Staudinger damals nach Haus gekommen sei, habe ihr Mann sie geschlagen und sich entschieden, sie zu verlassen. Ohne es direkt aussprechen zu müssen, hatte der Zeuge damit „bewiesen", daß selbst der eigene Ehemann sie für eine Hexe gehalten habe.

Auch für Frau Guth hatte die Beschimpfung der Staudinger Folgen. Heinrich Guth berichtet, daß seine Mutter einige Tage darauf der Staudinger auf der Straße begegnet und von dieser angestoßen worden sei. Daraufhin sei nicht nur die Körperseite, an der sie von ihr berührt worden wäre, ganz schwarz angelaufen, sondern auch ihr Gesicht, „daß man einen mit Schlägen nicht schwärzer machen könnte". Und noch heute bekäme seine Mutter jedesmal Schmerzen, wenn sie der Staudinger auf der Gasse begegne. Was der Zeuge als Beweis für die Hexenkraft der Staudinger anführte, wird ganz simpel eine handgreifliche Auseinandersetzung zwischen den Frauen gewesen sein. Sehr wahrscheinlich hatte Catharina Staudinger ihre Ehre dadurch verteidigt, daß sie ihre Verleumderin durchgeprügelt hatte. Seit der Zeit bestand Feindschaft zwischen der Guth und der Staudinger. Heinrich Guth hatte „von seinen kindlichen Jahren an" gehört, daß seine Eltern und viele andere Bürger die Staudinger für eine Hexe hielten.

Fälle wie die Identifizierung Catharina Staudingers als Hexe waren zur Zeit der Hexenprozesse allgemein verbreitet. Barbara Rüfin aus dem Amt Ellwangen wurde 1611 durch ein ähnliches Verfahren als Hexe entlarvt. Ein Bauer des Dorfes Rindelbach suchte wegen anhaltenden Viehsterbens Rat bei einer weisen Frau in Lustenau. Diese kam in sein Haus und stellte fest, daß sein Unglück durch eine „böse Person" hervorgerufen werde. Die Verursacherin des Schadens werde in Kürze kommen und um drei Dinge bitten, wenn sie die bekäme, werde es mit dem Vieh schlimmer denn je werden. Als Barbara Rüfin darauf kam, um ein Umschlagtuch, eine Dose Butter und eine Wiege auszuleihen, verweigerte ihr der Bauer die Gegenstände, und das Vieh wurde gesund. Damit galt als eindeutig bewiesen, daß Barbara Rüfin die Hexe war. Die Logik des Hinweises, den die Wahrsagerin gegeben hatte, war im Hexenglauben begründet. Über die ausgeliehenen Gegenstände hätte die Frau eine Verbindung zum Hause gehabt und mit ihren Hexenkräften Einfluß auf die Lebewesen im Haus nehmen können. Die Tatsache, daß sie etwas fordete, zeigte – nach diesem Deutungsmuster – ihre Schädigungsabsicht.

Es kam in Gemeinden häufiger vor, daß Krankheiten, Viehsterben, Trockenstehen von Kühen und Mißerfolg beim Buttern auf Hexerei zurückgeführt wurde, ohne daß die Geschädigten eine bestimmte Person als Hexe in Verdacht hatten. In solchen Fällen wurde Rat gesucht. Man wandte sich entweder an weise Leute, d. h. Wahrsager oder an Personen, die durch ihre Berufstätigkeit die Kompetenz erworben hatten, Verhexungen von natürlichen Krankheiten zu unterscheiden, wie Wundärzte und Bader oder auch Abdecker. Sie konnten die Erkennungszeichen der Täterinnen nennen oder verordneten Bannrituale, durch welche die Hexe gezwungen wurde, sich zu zeigen. Die Vorstellung, daß es Täter an den Tatort zurückzöge, war allgemein verbreitet. So glaubte man auch, daß hingerichtete Verbrecher – vor allem Mörder – als sogenannte Wiedegänger umherirrten und ständig an den Ort ihres Verbrechens zurückkehren müßten.

Durch ein Bannritual, das der Abdecker aus Blomberg in der Grafschaft Lippe dem Bauern Hans Koller empfohlen hatte, wurde Catrine Hilker aus dem Dorf Kleinmarpe 1588 als Hexe entlarvt. Hans Koller war ein Pferd gestorben, in dessen Leib der Abdecker Würmer und „Schlangen" gefunden hatte, was er als ein Zeichen für Zauberei hielt. Er gab Koller ein Stück Fleisch von dem verendeten Tier, das er in einem Kessel sieden sollte. Diejenige, die das Tier durch Zauber umgebracht habe, sollte in den Bann des toten Tieres gezogen werden. Catrine Hilker erschien auf dem Hof, als das Fleisch des Pferdes auf dem Feuer stand, um Hans Kollers Frau einige Kohlsetzlinge zu bringen. Da die Bäurin sie nicht darum gebeten hatte, war bewiesen, daß die Hilker nur einen Vorwand gesucht hatte, um die Tatsache des Bannens zu bemänteln.

In dem bereits beschrieben Fall der Eheleute Valk und Apollonia Schultze aus Neustadt in Thüringen hatte der um Rat gefragte weise Mann folgendes Bannritual verordnet: sie sollten ihrer verhexten Kuh einen Kräutertrunk aus Wermut, Schwarzkümmel, Dill und Dost (wildem Majoran) eingeben und auch den Stall damit ausräuchern. Diejenige, die es der Kuh angetan habe, werde gezwungen, vor das Haus zu kommen. Hier wird deutlich, daß Heilkur und Erkennungszauber miteinander vermischt waren. Die Schultzin führte die Kräuterkur eine ganze Woche lang durch und setzte einen Tag damit aus. Margarethe Müller kam nach Aussage der Schultzin jeden Tag auf den Hof und schaute durch die Tür, um dann wieder zu gehen, nur an dem Tag, als die Kräuterkur ausgesetzt worden war, sei sie nicht erschienen. Für die Schultzin stand fest, daß Margarethe Müller die Kuh verhext hatte. Um ganz sicher zu gehen, wendete sie noch ein weiteres Ritual an. Sie kaufte einen neuen Topf, in dem sie Milch sieden ließ und sprach dazu Zauberformeln, wodurch die „Milchzauberin" in den Bann gezogen werden und erscheinen sollte. Das Sieden von Milch war ein allgemein verbreites Bannritual, das bei Verdacht auf Milchzauber eingesetzt wurde, um die Milchdiebin zu entlarven.

Die Logik der Bannrituale beruhte auf der Vorstellung, daß Hexen und Zauberinnen mit den von ihnen verhexten Menschen oder Tieren auf magische Weise in Verbindung stünden. Sobald jemand auf das „Opfer" ihrer Hexerei mit Gegenzauber Einfluß nahm, dem Vieh Kräuter eingab, ein Stück des toten Tieres aufkochte oder die

Milch sieden ließ, wurde die Hexe in Mitleidenschaft gezogen, sie spürte die Einwirkung am eigenen Leibe. In manchen Fällen kamen die „Täterinnen" und klagten über Schmerzen. Wichtig zur Unterscheidung von „normalen" Besuchen war die Tatsache, daß die Frauen ohne ersichtlichen Grund unter einem Vorwand kamen. Die Hilkersche war nicht gebeten worden, die Kohlsetzlinge zu bringen. Margarethe Müller kam auf den Hof, obwohl Apollonia Schultze die Türen fest verschlossen hatte, um den Eindruck zu erwecken, niemand sei im Hause. Außerdem kam die verdächtige „Milchdiebin" sogar an einem der Banntage in den Kuhstall, als die Schultzin gerade beim Melken war, und wollte Leim borgen. Die Schultzin deutete dies als Vorwand. Der eigentliche Anlaß für die Müllerin, in den Kuhstall zu kommen, konnte nur der Bann sein, dem sie nicht hatte widerstehen können.

## „Hexengeschwätz"

Das Bannritual allein machte noch keine Hexe, sondern erst das öffentliche Gerücht. Die Zuschreibung vollzog sich im Gerede über diesen Vorfall in der Gemeinde. Es gab Regeln und dementsprechend Erwartungen, wie eine Verdächtigte zu reagieren hatte, deshalb waren ihre Reaktionen ebenfalls Gegenstand des Geredes. Prinzipiell galten solche Regeln für alle Straftatverdächtigungen und Angriffe auf die Ehre einer Person. Widersprach die angegriffene Person den Verdächtigungen nicht, setzte sie diejenigen, die den Vorwurf ausgesprochen hatten, nicht als Verleumder ins Unrecht, galt das Gerücht als wahr. Andererseits war es strafbar, die Ehre einer Person zu verletzen. Wer ungerechtfertigte Vorwürfe machte oder Gerüchte verbreitete, mußte mit einer Beleidigungsklage rechnen.

Einen Hexereiverdacht direkt auszusprechen barg insofern ein Risiko. Deshalb hatte Apollonia Schultze nur in Anspielungen geredet, als Margarethe Müller während des Bannrituals vor ihrem Haus erschien. Sie bezichtete die Müllerin nicht der Hexerei, sondern ließ die „Tatsachen" sprechen, indem sie sich ihr gegenüber folgendermaßen äußerte: Sie habe ihrer Kuh Kräuter eingegeben, niemand sei daraufhin gekommen außer ihr, der Müllerin, und sie wisse nicht, was sie davon halten solle. Das Reden in Anspielungen oder hinter dem Rücken der Betroffenen machte es für die verdächtigten Frauen unmöglich, angemessen zu reagieren. Darin lag die Schwierigkeit bei Hexereiverdächtigungen. Deshalb forderte Margarethe Müller, als sie bereits wegen Verdachts auf Hexerei verhaftet war, „die Schultzin sollte sie zu einer Hexen machen, oder sie wieder gut machen". In dieser Formel wird deutlich, daß die Zuschreibungsregeln identitätstiftend waren.

An Margarethe Müllers Geschichte läßt sich nachvollziehen, wie das Gerede unter den Frauen und ihre eigene Reaktion darauf den Verdacht, daß sie eine Hexe sei, nährten und schließlich dazu führten, daß sie für den Tod eines Kindes verantwortlich gemacht wurde. Eine wesentliche Rolle spielte auch in ihrem Fall, daß sie keine Einheimische war, sondern in die Gemeinde eingeheiratet hatte. Sie stammte aus Wommen, einem Dorf, das etwa 4 km entfernt im benachbarten Hessen lag, und lebte als Ehefrau des jungen Hans Müller im Hause seiner Eltern in Neustadt. Der Familienname war Berufsbezeichnung, Vater und Sohn betrieben die Getreidemühle im Ort.

Das Gerede über sie hatte nicht erst nach dem Bannritual der Schultzin eingesetzt, sondern etwa ein bis zwei

Jahre zuvor, als in der Amtsstadt Gerstungen Margarethe Asmus aus Buchenau wegen Hexerei verhaftet wurde. Die Buchenauin war eine blinde alte Frau, die in den Gemeinden des Amtes durch Besprechen von Krankheiten ihren Lebensunterhalt verdiente. Hexenprozesse waren Sensationen und ein ergiebiges Gesprächsthema. Neue Gerüchte entstanden, alte Gerüchte wurden wieder aufgegriffen. Man erinnerte sich an Vorgänge, die jetzt durch Hexereianklagen in ein neues Licht gerückt wurden. Die Buchenauin hatte vor ihrem Prozeß Streit mit Hans Müller, dem Ehemann Margarethes, gehabt. Die Müllerin hatte sich bei einer Erkrankung von der Buchenauin anscheinend ohne Erfolg „besprechen" lassen, worauf ihr Hans Müller vorgewarf, sie habe seiner Frau „die Dinger angetan", und ihr drohte, sie zu verprügeln, falls sie den Schaden nicht behöbe. Darauf hatte die Buchenauin mit einem Gegenangriff reagiert und gegenüber Catharina Schmeck aus Neustadt geäußert: „Was ich kann, kann Hans Müllers Schwiegermutter in Wommen auch." Damit kehrte sie den an sie gerichteten Vorwurf des Schadenzaubers und die indirekte Bezichtigung, eine Hexe zu sein, gegen den Bezichtiger. Indem sie der Schwiegermutter Zauberei unterstellte, meinte sie auch seine Ehefrau, denn Töchter von Hexen lernten nach dem Hexerei-Stereotyp die „Kunst" von ihren Müttern. Diese Äußerung, von Catharina Schmeck weitergetragen, wurde zum Gesprächsthema in Neustadt und in den umliegenden Dörfern.

Das Gerede hatte Folgen. Regina Weber, die Frau des Feldmeisters aus Archfeld, sah daraufhin, als sie nachts durch das Dorf Wommen ging, wie am Hause der Mutter von Margarethe Müller etwas zum Kamin ein- und ausflog. Entsprechend den Vorstellungen, daß Hexen durch den Schornstein zum Tanz ausflogen, deutete sie dies als

Hexenflug der Mutter und verbreitete ihre Beobachtung. Als das Gerücht in Neustadt bekannt wurde, schaltete sich Margarethe Müller selbst in das Gerede ein, distanzierte sich von ihrer Mutter und versuchte damit, ihren eigenen Ruf zu schützen. Sie erzählte ihrer Nachbarin Apollonia Schultze, daß die Feldmeisterin Regina, „der Donnerhund", ihre Mutter ins „Hexengeschwätz" gebracht habe und daß ihr Bruder, in dessen Haus in Wommen die Mutter lebte, seine Mutter auf das Gerücht hin verprügelt und als Bluthexe beschimpft habe. Durch ihre Stellungnahme zu diesen Gerüchten, „für sich könne sie reden, für ihre Mutter aber nicht", die als Verteidigung gemeint waren, belastete die Müllerin ihre Mutter und damit auch sich selbst.

Als weiteren Beweis dafür, daß Margarethe Müller eine verdächtige Person sei, werteten die Neustädter Frauen ihre Reaktion auf die Vorladung als Zeugin im Prozeß gegen die Buchenauin. Da es in Gerstungen üblich war, die Angeklagten mit den Zeugen zu konfrontieren, befürchtete Margarethe, nach den Gerüchten über ihre Mutter in den Prozeß hineingezogen zu werden. Es bestand die Gefahr, daß die Buchenauin sie im Verhör als Komplizin oder Tanzgenossin benannte. Ihre Ängste vertraute sie ihren Nachbarinnen, unter ihnen auch Apollonia Schultze, an und sagte, sie hoffe, die Buchenauin würde ja wohl auf niemanden bekennen, der unschuldig wäre. Die Frauen reagierten ablehnend, wenn sie rein wäre, brauchte sie sich ja nicht zu fürchten. Die Angst hatte sie verdächtig gemacht und schürte das Gerede hinter ihrem Rücken.

Daraufhin versuchte die Müllerin, ihr gutes Gewissen zu beweisen, indem sie sich am Gerede über Hexen beteiligte und ihrerseits für die Verbreitung von Gerüchten über Frauen aus Neustadt sorgte. Als einige Leute in der Torstube beim Torhüter über die Hinrichtung der Buchenauin redeten, gesellte sie sich zu ihnen und ließ verlauten, es wären noch mehr Frauen im Gerücht, nämlich Johannes Göppels und Heinrich Homanns Frauen und die Witwe Gerechten. In Göppels Haus sei nachts der „Drache" zum Schornstein eingefahren, ihre eigene Schwester habe dies vor einem Jahr, als sie das Vieh des Pfarrers gehütet habe, in der Abenddämmerung gesehen. Und ganz offensichtlich aus Verbitterung über das Gerede gegen ihre Mutter fügte sie hinzu, wenn solches in ihrem Haus geschehen wäre, hätte ganz Neustadt darüber geredet, da es aber Göppels Haus gewesen sei, wäre es „unterdückt und verschwiegen" worden. Auch diese Äußerungen wurden als verdächtig angesehen und ihr im späteren Prozeß angelastet. Der Amtmann argumentierte, daß sie „vermutlich um die Hexerei Wissenschaft habe", weil sie andere der Hexerei berüchtigte Frauen kenne.

In dieser Situation kam Valk und Apollonia Schultze der Verdacht, ihr jahrelanges Unglück mit den Kühen könne durch Hexen verursacht worden sein. Daß die Schultzin in ihrer Nachbarin Margarethe Müller die „gebannte Hexe" sah, war eine Konsequenz der vorausgegangenen Gerüchte. Sicherlich kamen in der Woche, als sie das Kräuterritual durchführte, auch andere Frauen in ihr Haus. In den Augen der Bewohner von Neustadt machte sich Margarethe Müller durch ihr Verhalten nach dem Bannritual äußerst verdächtig. Sie war im Dorf herumgegangen und hatte sich bei mehreren Frauen beklagt, daß die Schultzin sie gebannt habe. Damit präsentierte sie sich selbst als Täterin. Als sie durch Gerede erfuhr, daß die Schultzin das Ritual des Milchsiedens durchgeführt habe, beklagte sie sich darüber bei der Frau des Schulmeisters und bei Simon Ortmanns Frau. Auch hier begegnete ihr nur Ablehnung, die Frauen hielten ihr vor, „da könne eine lange kochen und kochen, wenn sie unschuldig wäre, könnte sie niemand bannen".

Bezeichnend war, daß niemand von den Frauen Margarethe Müller direkt bezichtigte, die Beschuldigungen wurden ihr von Dritten hinterbracht. Als einige Neustädter Frauen sich in Dorothea Weißenborns Haus zum Spinnen trafen, redeten sie über den „Milchzauber", den Margarethe Müller verübt haben sollte. Die Weißenborn teilte daraufhin der Müllerin mit, die Leute gäben ihr „böser Dinge Schuld". Den Regeln zufolge hätte sich die Müllerin verteidigen müssen und den Vorwürfen widersprechen. Sie schwieg aber gegenüber Dorothea Weißenborn und versuchte stattdessen, bei anderen Frauen Unterstützung zu finden.

Das Klima im Ort war jetzt durch Argwohn und Mißtrauen gegenüber der Müllerin und durch Ängste vor Hexerei geprägt. Als das Kind Volkmar Landefeldens achtzehn Tage nach der Geburt starb, wurde u. a. auch deshalb Hexerei vermutet, weil die Buchenauin gestanden hatte, einen Säugling verhext zu haben. Dadurch war dieser Aspekt des Hexenmusters im Bewußtsein der Leute. Margarethe Müller war unter den Besucherinnen in der Wochenstube gewesen und hatte das Kind auch berührt, also stand fest, daß sie ihm die „zehrenden Dinger" angehext hatte. Nachdem Margarethe auch diesem Gerede nicht widersprach, wurde der Verdacht zur Gewißheit. Jetzt redete ganz Neustadt, nicht mehr nur die Frauen, sondern auch die Männer über Margarethe Müller. Auf dem Platz vor dem Haus des Schultzen wußten einige Männer zu berichten, daß der alte und der junge Hans Müller sich geweigert hätten, Margarethe offiziell zu verteidigen und Margarethe bereits damit rechne, angeklagt zu werden, da sie geäußert habe, „dann geht es mir wie der Buchenauin". Das anfängliche „Geschwätz" unter Frauen war jetzt zum öffentlichen Gerede der gesamten Gemeinde geworden, symbolisiert durch den Platz vor des Schultheißen Haus. In dieser Situation ging Margarethe Müller in die Offensive. Sie sprach beim Amtmann in Gerstungen vor und klagte gegen Apollonia Schultze wegen Beleidigung und Verbreitung von Hexereigerüchten.

Ihr Verhängnis war, daß sie einen zu späten Zeitpunkt zur Verteidigung gewählt hatte. Sie hatte ihre Situation falsch eingeschätzt. Als sie aus Gerstungen zurückkam, stellte ihr Ehemann sie wegen dieses Schritts zur Rede, sie habe sich damit ins Unglück gebracht. Sie selbst gab sich dagegen zuversichtlich, sie habe ein reines Gewissen und nichts zu befürchten. Außerdem glaubte sie, im Pfarrer einen guten Beistand zu haben. Der Pfarrer bescheinigte zwar auf Anfrage des Amtmanns, daß er mit ihr zufrieden sei, da sie regelmäßig die Kirche besuche und gute Nachbarschaft pflege, das rettete die Müllerin jedoch nicht. Die vor den Amtmann zitierte beklagte Schultzin konnte soviel zu ihrer Verteidigung und zur Belastung der Klägerin vorbringen, daß die Klage zurückgewiesen und das Ermittlungsverfahren gegen Margarethe Müller wegen Hexerei eröffnet wurde.

Die Schwierigkeiten Margarethe Müllers bestanden darin, daß sie als Eingeheiratete aus Hessen im Kreis der einheimischen Neustädter Frauen keine Aufnahme fand. Sie wurde nicht gezielt von den Neustädter Frauen zur Hexe „gemacht", die ersten Verdächtigungen kamen durch die Buchenauin und aus Wommen, aber in dieser Situation hätte sie die Solidarität der Frauen in ihrer Gemeinde gebraucht. Mit ihren Versuchen, sich zu verteidigen, stieß sie aber auf Ablehnung und unterschwellige Feindseligkeit. Anscheinend waren auch Neid und Mißgunst im Spiel. So hatte Gertrud Homann gegenüber Dorothe Weißenborn geäußert, die Müllerin müsse eine Hexe sein, weil sie soviel Butter mache. Nachdem erst einmal der Schatten eines Verdachts auf sie gefallen war, wurde jede Reaktion als Äußerung des schlechten Gewissens und Eingeständnis ihrer Schuld gedeutet.

Eine andere Dynamik zeigt die Geschichte der Catharina Staudinger aus Marburg. Der Hexereiverdacht, der durch das Bannen ausgelöst worden war, blieb über dreißig Jahre hin in Marburg latent. Anläßlich von Hexenprozessen, die um die Mitte des 17. Jahrhunderts in Marburg durchführt wurden, erinnerten die Nachbarn sich wieder an den alten Vorfall. Auch hier waren Hexenprozesse Auslöser für ein allgemeines Gerede über Hexen, konzentrierte sich die Aufmerksamkeit auf verdächtige Ereignisse und Personen. Da Catharina Staudinger bereits öffentlich als Hexe bezichtigt worden war, ging es für die Nachbarn nicht mehr so sehr darum, nach Schuldeingeständnissen zu suchen. Dies geschah nur unmittelbar vor ihrer Verhaftung, nachdem bereits Zeugenverhöre gegen sie durchgeführt worden waren. Als sie sich vom Schuhmacher ein Paar Schuhe anfertigen ließ, wurde geredet, sie plane ihre Flucht und wolle über die Landesgrenze nach Darmstadt zu ihren Verwandten gehn.

Die Leute sahen in ihr die alte Hexe, und jegliches Verhalten wurde im Sinne des Hexerei-Stereotyps interpretiert. Ihr wurde nicht nur nachgesagt, Krankheiten verursacht zu haben, ihre Nachbarn erzählten auch untereinander, daß sie gesehen und gehört hätten, wie sie mit dem Teufel verkehrte und Hexenrituale durchführte.

Joachim Holenstein hatte beobachtet, wie die Staudinger sich in ihrem Garten vor der Stadtmauer nackend ausgezogen, ihr Hemd umgewendet und dabei einige merkwürdige Verrichtungen vollführt hatte. Dies konnte nichts anderes als ein Hexenritual sein, möglicherweise die Vorbereitung auf den Hexenflug. Die Nacktheit galt als ein Kennzeichen der Hexe. Die auf dem Bock reitenden Gestalten oder die Hexen, die ihre Flugsalbe bereiteten, wurden nackt dargestellt. Das Umwenden der Kleider war ebenfalls ein Hexenzeichen, es gehörte in den Vorstellungskomplex der Verkehrung. Was der Beobachter als Hexenritual gedeutet hatte, war ein Versuch der Frau gewesen, sich der Läuse in ihren Kleidern zu entledigen. Wie sie später selbst im Verhör erklärte, hatte sie ihre Kleider ausgezogen, um die Läuse auszuschütteln.

Als Beweis für heimliche Besuche des Teufels bei der Hexe Catharina Staudinger deutete der Braumeister Johannes Rath aus Weidenhausen folgendes Erlebnis. Er hatte auf dem Weg ins Marburger Brauhaus, das in der Wettergasse hinter dem Staudingerschen Hauses lag, aus dem Fenster des Hinterstübchen ein Gespräch mit angehört, das die alte Staudinger mit einem Mann führte. Da ihm vorher auf der Gasse der Sohn und die Schwiegertochter der Staudinger auf dem Weg in ihren Garten begegnet waren und demnach niemand im Hause sein konnte, war er neugierig geworden, was dort im Hause vor sich ging, und lauschte. Ins Fenster hineinschauen konnte er nicht, weil es mannshoch war, also konnte er nur die männliche Stimme hören, welche die alte kranke Frau nach ihrem Befinden fragte. Er hörte, wie die Staudinger klagte, es gehe ihr schlecht, und hinzufügte „Du verläßt mich, und mein Sohn und meine Schwiegertochter verlassen mich auch und wünschen, daß ich sterbe." Darauf antwortete die Stimme: „Nein, du stirbst nicht.

Ich will dich nicht verlassen. Ich will in drei Tagen wieder bei dir sein, und du sollst wieder anfangen, an einem Stock zu gehen." Dem Braumeister erschien dieses Gespräch verdächtig, er beschloß nachzuprüfen, was dort im Hause geschah. Unter dem Vorwand, er wolle ein Bier trinken, ging er hinein. Er traf die Enkelin der alten Staudinger an, die ihm sagte, ihre Großmutter läge krank in ihrer Kammer. Auf die Frage des Braumeisters, wer denn bei der Großmutter sei und mit ihr rede, wußte das Mädchen nur zu sagen, daß außer ihr niemand weiteres im Hause sei. Johannes Rat wollte jedoch sicher gehen und schickte das Mädchen zur Großmutter, um zu fragen, mit wem sie zuvor geredet habe. Die Antwort, die Rath bekam, erhöhte seinen Verdacht, daß hier etwas nicht mit rechten Dingen zugehe. Das Mädchen berichtete, die Großmutter wolle wissen, wer denn behauptet hätte, daß sie in ihrer Stube geredet habe und danach keine weitere Auskunft über den Vorfall gegeben. Für den Braumeister stand fest, daß die Staudinger nur mit dem Teufel gesprochen haben konnte. Seiner Version der Geschichte, die er in Weidenhausen verbreitete, konnte der Verteidiger Catharina Staudingers eine weniger spektakuläre entgegensetzen. Er führte an, daß ein heilkundiger Mann namens Reinhard Rabe, der als Arzt bei Beinbrüchen konsultiert werde, bei der Frau gewesen sei, als sie mit einem Schenkelbruch gelegen habe. Er habe ihr das Bein verbunden, ihr Mut zugesprochen und versichert, daß er in drei Tagen wiederkomme, um einen frischen Verband anzulegen.

Bei Festen wie der Hochzeit eines Nachbarsohns oder beim Bier auf der Kirmes in Weidenhausen wurden Catharina Staudingers angebliche Kontakte mit dem Teufel als wahre Geschichten weitererzählt. Paulus Seifers Frau hatte morgens in der Dämmerung mit ihrem

Gesinde ins Backhaus zum Backen gehen wollen, als sie in der Wettergasse am Stubenfenster der Staudinger den Teufel als einen Ziegenbock mit glühenden Augen sah. Bei diesem Anblick seien sie und ihre Mägde wie gelähmt gewesen und hätten keinen Schritt mehr weitergehen können. Erst nachdem sie gemeinsam ein Gebet gesprochen hätten, sei die Gestalt verschwunden, und sie hätten ihren Weg zum Backhaus fortsetzen können. Man war sich einig, daß es die Staudinger mit dem Teufel treibe. Als sie eines Nachts schlaflos im Hause herumgelaufen und dabei gestürzt war, hatten die Nachbarn, die das Gepolter gehört hatten, gemeint, sie sei auf dem Bock geritten und mit ihm die Stiege hinuntergefallen.

Die Leute mieden die Staudinger. Nur die Witwe Margarethe Klingelor hielt ihr die Freundschaft, verteidigte sie und bezeichnete die Teufelsgeschichten als „offenbare Lüge". Sie handelte sich damit den Verdacht ein, eine Hexenkomplizin der Staudinger zu sein. Einer verdächtigten Frau beizustehen, war gefährlich, Frauen, die solches taten, setzten ihre Ehre aufs Spiel und brachten sich selbst in Verdacht. Aus diesem Grund distanzierten sich auch Töchter von den berüchtigten Müttern, wie Margarethe Müllers Beispiel gezeigt hat.

*Gottesurteile*

Von Frauen, die im Hexereigerücht standen, wurde erwartet, daß sie sich „entschuldigten", d.h. ihre Unschuld bewiesen. Taten sie es nicht, wurde ihr Verhalten als Schuldeingeständnis gewertet. Die Verteidigungsrituale, die ihnen im Rahmen innergemeindlicher Konfliktregelung zur Verfügung standen, waren zweischneidig, da sie gleichzeitig als Schuldnachweis dienten. Margarethe Müller war geraten worden, ins Haus der Landefelden

„aufs Leibzeichen" zu gehen, um das Gerücht, sie habe deren Kind totgehext, zu entkräften. Dieses Leibzeichen entsprach der Bahrprobe, einem im mittelalterlichen Gerichtswesen üblichen Gottesurteil, durch das Schuld oder Unschuld eines Mordverdächtigen bewiesen werden sollte, indem man ihn vor die Leiche des Ermordeten stellte. Man glaubte, daß der Leichnahm zu bluten anfinge, wenn der Mörder an die Bahre trat. Allgemein bekannt ist dieser Glaube aus der Nibelungensage, Siegfrieds Wunde blutete, als sein Mörder Hagen erschien. Bei der gerichtlichen Bahrprobe, die in manchen Territorien bis ins 16. Jahrhundert eingesetzt wurde, mußte der Verdächtigte die rechte Hand auf den Toten legen und seine Unschuld schwören, während die Schöffen die Leiche auf Reaktionen hin beobachteten.

Im Zuge der frühneuzeitlichen Rechtsreformen, der Einführung des römischen Rechts, wurden Gottesurteile als „magische Rituale" in der Regel ebenso abgelehnt wie der Einsatz von Wahrsagern bei der Ermittlung von Straftätern. Als Beweismittel im vorgerichtlichen Bereich hielten sich solche Rituale in den Gemeinden jedoch bis ins 18. Jahrhundert hinein. Wie das Ritual des Leibzeichens in Margaretha Müllers Fall durchgeführt werden sollte, wird in ihrer Akte nicht beschrieben. Aus den Äußerungen der Zeugen geht jedoch hervor, daß, anders als bei der gerichtlichen Bahrprobe, hier erwartet wurde, daß vom toten Kind ein Zeichen käme, das die Unschuld der verdächtigten Frau beweise. Deshalb zögerte die Müllerin und schickte ihren Ehemann zum Pfarrer, um dort Rat zu holen. Der Pfarrer gab zu bedenken, daß sie sich damit nur verdächtig mache und riet von diesem Schritt ab. Magaretha Müller ging nicht. Die Neustädter deuteten ihr Fernbleiben als Eingeständnis ihrer Schuld. Im Prozeß wurde ihr dagegen angelastet, daß sie erwogen habe, solch ein „abergläubisches" Ritual zu vollziehen. Sie behauptete darauf, die Magd ihres Schwagers hätte ihr dazu geraten, und dies sei wohl auf deren „Tollheit des Hauptes" zurückzuführen.

Ein weiteres Ritual, das als Gottesurteil zum Nachweis für Schuld oder Unschuld bei Hexereiverdacht angewendet wurde, war die Wasserprobe. Auch sie war im mittelalterlichen Gerichtswesen ein gängiges Beweismittel gewesen. Es bestand die Vorstellung, daß eine schuldige Person unrein sei und deshalb vom Wasser, einem reinen Element, ausgestoßen würde. Ein Unschuldiger dagegen werde vom Wasser angenommen und gehe daher unter. Man ließ die Unschuldigen jedoch nicht ertrinken, sondern zog sie aus dem Wasser heraus.

Entgegen der heute verbreiteten Meinung wurden Wasserproben nur selten als offizielles gerichtliches Beweismittel in Hexenprozessen eingesetzt. Sie waren in vielen Territorien von den Obrigkeiten verboten worden, wurden aber häufig in der Gemeinde im Vorfeld eines Prozesses durchgeführt. Nicht selten ergriffen die verdächtigten Frauen selbst die Initiative, weil sie durch eine Wasserprobe ihre Unschuld zu beweisen hofften.

Über eine im Amt Enger (Grafschaft Ravensberg) 1675 von Frauen selbst organisierte Wasserprobe fertigte der zuständige Amtmann einen Bericht an, weil sich die Frauen damit einem ausdrücklichen Verbot widersetzt hatten. Ilse, die Tochter der alten Portran aus Werfen, war der Hexerei bezichtigt worden und hatte beim Amtmann eine Wasserprobe beantragt, die ihr verweigert wurde. Darauf hatte sie selbst die Initiative ergriffen, in Werfen und den umliegenden Dörfern angekündigt, sie wolle sich „baden" lassen. Zusammen mit ihrer Mutter, ihrer Schwester Grete und einer Frau aus dem Amt Limberg wurde am Mittag des 16. Juli 1675 im Hüffer Teich die Wasserprobe im Beisein von über hundert Personen durchgeführt. Die alte Portran band zuerst ihrer bezichtigten Tochter Ilse Hände und Füße kreuzweise zusammen und stieß sie in den Teich. Ilse sank auf den Grund, tauchte dann aber sofort wieder auf und versuchte jetzt mit verzweifelten Kraftaufwand, wieder unterzutauchen. Als ihr dies mißlang, zog die Mutter sie aus dem Wasser und warf sie erneut hinein. Der gleiche Vorgang wiederholte sich, und als die Portransche zum dritten Versuch ansetzten wollte, weigerte sich Ilse mit den Worten, „das Wasser wolle sie nicht leiden". Die andere Tochter sprang von sich aus ins Wasser, stieg gleich darauf wieder aus dem Teich und lief fort. Der Frau aus Limberg gelang es ebenfalls nicht, auf den Grund zu sinken. Da sie bekleidet blieben und der Dorfteich sehr flach war, konnte der Unschuldsbeweis nicht gelingen.

Die Wasserprobe war wie alle Verteidigungsrituale eine zwiespältige Angelegenheit für verdächtigte Frauen. Da sie an die Wirksamkeit dieses Gottesurteils glaubten und sich unschuldig wußten, hofften sie, durch das „Baden" der Gemeinde ihre Unschuld vor Augen führen zu können. Mißlang der Beweis, was häufig vorkam, stand für die Gemeinde unumstößlich fest, daß die verdächtigte Frau eine Hexe sei. Die Frauen selbst führten das Mißlingen dann darauf zurück, daß sie in anderen Bereichen Schuld auf sich geladen hätten, etwa durch Stehlen oder Ehebruch.

*Beschickung und Konfrontation*

Wußten Frauen, von wem der Hexereivorwurf kam, bestand die Möglichkeit, sich zu verteidigen, indem sie versuchten, die betreffende Person zur Zurücknahme des Vorwurfs zu zwingen. Dies konnte durch eine Beleidigungsklage vor Gericht geschehen oder durch ein innergemeindliches Ritual. In der Grafschaft Lippe war die „Beschickung" ein übliches Ritual im Umgang mit Ehrverletzungen, die nicht in direkter Konfrontation, sondern gegenüber Dritten geäußert wurden. Erfuhr die bezichtigte Person davon, konnte sie zwei Männer in das Haus derer, die den Vorwurf ausgesprochen haben sollte, schicken und fragen, ob sie dazu stünde. Gelegentlich nahmen Leute ihre Bezichtigung zurück oder leugneten sie. Die Beschickung konnte auch eingesetzt werden, um einer Person mitzuteilen, daß man sie für eine Hexe oder einen Dieb halte und für Schäden verantwortlich mache. Dann hatte die Beschickte die Möglichkeit, ihre Bezichtiger aufzusuchen und zum Vorwurf Stellung zu nehmen.

Auch dieses vorgerichtliche Ritual, dem auf gerichtlicher Ebene die Konfrontation der Zeugen mit der Angeklagten entsprach, ging meistens zu Ungunsten der Verdächtigten aus, wenn die Bezichtiger auf ihrem Vorwurf beharrten, wie im folgende Fall der Anneke Bickers im Amt Sternberg (Lippe). Anneke Bickers gehörte zu den Frauen, die bereits aufgrund ihrer Herkunft als „Zaubersche" berüchtigt waren. Ihre Großmutter väterlicherseits war in den fünfziger Jahren des 16. Jahrhunderts wegen Zauberei verhaftet worden und in der Haft gestorben. Ihr Vater sollte die Zauberkunst von seiner Mutter gelernt haben. Insofern galt Anneke als eine verdächtige Person. Dreißig Jahre lang blieb es beim Verdacht, bis ihr 1588 wegen eines konkreten Schadenzaubervorwurfs der Prozeß gemacht wurde. Nach Besitzstreitigkeiten zwischen Ihrem Ehemann Hinrich Redecker und dessen Vettern um einen Acker, die zu Ungunsten Hinrich Redeckers ausgingen, verwüstete ein Unwetter dieses Stück Land stärker als die Nachbaräcker. Der Regen hatte einen großen Teil des Bodens weggeschwemmt. Als die Vettern den Acker wieder pflügten, kam Hinrich Redecker vorbei und drohte ihnen, sie möchten wohl darauf säen, aber sie sollten davon wenig ernten. Daß er solchen Fluch aussprach, hatte für ihn persönlich keine bedrohlichen Folgen, wohl aber für seine Ehefrau. Als die Mutter der Vettern krank wurde, vermutete sie, Anneke Bickers habe sich an ihr gerächt und ihr die Krankheit angetan. Dies äußerte sie auch vor dem Pfarrer, der in ihr Haus kam, um ihr das Abendmahl zu reichen. Sie bekräftigte ihren Vorwurf mit der Formel, „darauf wolle sie leben und sterben".

Eine Straftatbezichtigung auf dem Totenbett galt nicht nur in der Gemeinde als schwerwiegende Belastung, nach Artikel 25 der Peinlichen Gerichtsordnung Kaiser Karls V. von 1532 war dies für das Gericht eines der Indizien, daß der Verdacht begründet sei und die verdächtige Person peinlich verhört werden konnte. Dahinter stand die Vorstellung, daß jemand angesichts des Todes nicht durch eine Lüge seine ewige Seligkeit gefährden werde und man deshalb davon ausgehen konnte, daß diese Person die Wahrheit spräche.

Die Redecker nahm dem Pfarrer und den anwesenden Nachbarn das Versprechen ab, falls sie stürbe und Anneke Bickers nicht „ihr Recht empfangen würde", d.h. wegen Zauberei vor Gericht gestellt werde, die Anwesenden dann etwas gegen die Zaubersche unternehmen sollten. Nach diesem Vorfall wurden zwei Männer von der Gemeinde beauftragt, Anneke Bickers in ihrem Haus aufzusuchen und ihr die Bezichtigung der Redeckerschen mitzuteilen. Anneke Bickers war damit aufgefordert, sich gegen die Redecker zu verteidigen. Sie ging mit den beiden Männern zur Redecker und fragte sie in Anwesenheit der Nachbarn: „Ilse, habe ich dich bezaubert?" Darauf antwortete die Kranke: „Ja, das hast du und sonderlich des Ackers wegen, denn du hast gesagt, was ich davon haben solle, das hätte ich bereits". Dies war wohl die als Verwünschung aufgefaßte oder auch gemeinte Formel gewesen, welche Anneke Bickers gegenüber der alten Frau benutzt hatte. Zur Bekräftigung ihres Zaubereivorwurfs spuckte die Redeckersche der Bickers mit den Worten „Weiche von mir, du Satanas" ins Gesicht. Anneke Bickers galt damit als schuldig.

Als ihre Tochter Marie bald darauf ein behindertes Kind zur Welt brachte, das nach Aussagen der Hebamme keine Ohren, die Hände an den Schultern, keine Unterschenkel und sechzehn Zehen an den Knien hatte, erinnerte man sich in der Gemeinde, daß ihre Mutter ausgerufen habe, Gott möge ein Zeichen geben, daß sie unschuldig sei. Das mißgestaltete Kind wurde als ein Zeichen Gottes für die Schuld der Bickers und ihrer Tochter betrachtet. Beide wurden als Hexen verurteilt.

Frauen, die in der Gemeinde der Hexerei verdächtigt wurden, befanden sich in einer schwierigen Lage. Zwar gab es ein traditionelles System von Ritualen zur Konfliktregelung, auf das sie zu ihrer Verteidigung zurückgreifen konnten. Doch alles, was sie taten, konnte als Bestätigung des Verdachts gedeutet werden. Schweigen und „Stillhalten" galt als Schuldeingeständnis und wurde von Zeugen vor Gericht zur Belastung der Angeklagten vorgebracht. Schweigen konnte für die Betroffene andererseits auch sinnvoll sein, um eine Ausweitung des Konflikts und die Verbreitung der Gerüchte zu vermeiden. Geriet in einem solchen Fall der Vorwurf in Vergessenheit, wie bei Catharina Staudinger, war die Frau nicht gerettet. Selbst nach dreißig Jahren erinnerte man sich wieder. Das „böse Gedächtnis" war in vielen Hexereifällen wirksam.

Verteidigung durch Zurückweisung des Vorwurfs war dann möglich, wenn die Bezichtigung direkt erfolgte, der vermeintlichen Hexe ins Gesicht gesagt wurde. Dies geschah jedoch nur selten. Das Übliche war, hinter dem Rücken zu reden. Den Frauen wurde dann durch Dritte hinterbracht, daß man schlecht über sie rede. In solchen Fällen bestand die Möglichkeit, sich durch Reinigungsrituale zu entschuldigen, die aber wie alle Verteidigungsmaßnahmen zu einem eindeutigen Schuldbeweis geraten konnten. Deshalb weigerten sich die Verdächtigten häufig, solche Rituale durchzuführen. Kannte die Frau ihre Gegener, von denen die Vorwürfe kamen, konnte sie versuchen, diese zur Zurücknahme des Vorwurfs zu zwingen. Dies konnte auf gerichtlichem Weg in Form einer Klage wegen Beleidigung geschehen oder durch das vorgerichtliche Ritual der Beschickung. Die Risiken beider Formen für die verdächtigten Frauen haben die Geschichten von Margarethe Müller und Anneke Bickers gezeigt, beiden wurde unmittelbar nach ihrem Verteidigungsversuch der Prozeß gemacht.

## 2. Vom Verdacht zur Anklage

In einem 1573 in Sachsen gedruckten anonymen „Tractätlein über Zauberei" beschreibt der Verfasser die Greueltaten der Hexen und ruft das Volk auf, Hexenprozesse zu erzwingen. „Wo die Obrigkeit lässig ... muß das Volk antreiben und nach Kohlen und Feuer rufen, dieweil die Zahl der Unholden, wie man aus den Prozessen genug

sam in Erfahrung bringt, von Jahr zu Jahr immer größer
wird und zunimmt."

Belege dafür, daß „das Volk" die Obrigkeiten antrieb, gibt
es reichlich. Zeugnisse sind die zahlreichen Bittschriften
von Gemeinden an die Gerichtsherren, in ihrem Dorf
oder Kirchspiel das „abscheuliche Laster der Zauberei"
abzustrafen und Prozesse gegen die bösen Weiber durchzuführen. Der Amtmann von Ohsen im Herzogtum Calenberg-Göttingen, Hilmar von Amelunxen, teilte 1583
den Räten der Kanzlei in Münden mit, daß die Gerichts-
untertanen in seinem Amtsbezirk ihn oftmals aufgesucht und wegen „zauberischer Untaten" in ihren Gemeinden gebeten hätten, „solche berüchtigten und bearg-
wohnten Weiber mit gebührlichem Ernst vorzunehmen".
Als Vertreter der Obrigkeit, in deren Verantwortung die
Ausübung der Strafgewalt lag, war er verpflichtet, den
Anzeigen und Straftatverdächtigungen aus den Gemeinden nachzugehen und in Absprache mit der Kanzlei in
Münden Ermittlungen gegen die verdächtigten Personen
durchzuführen.

Graf Johann VI. von Nassau äußerte 1582 in einem
Schreiben an einen seiner Amtsleute, daß er zu „viel Ma-
len um Ausrottung ettlicher angegebener Hexen" ersucht
worden sei. Er habe deswegen als verantwortliche Obrigkeit bei Rechtsgelehrten Rat eingeholt und sei zu dem
Schluß gekommen, daß „in Sachen, so Leib und Leben,
insonderheit aber die Seelen Seligkeit betreffen, nicht
liederlich und auf bloße Anzeige gehandelt" werden
dürfe. In seinem Bemühen, den Verfolgungseifer seiner
Untertanen zu mäßigen, stellte dieser Landesherr keine
Ausnahme dar. Neben solchen Obrigkeiten, die als He-
xenjäger in die Geschichte eingegangen sind, wie z. B.
der Fürstprobst Johann Christoph von Westerstetten, in

dessen Amtszeit in Ellwangen und im Hochstift Eichstätt im ersten Drittel des 17. Jahrhunderts Massenverfolgungen stattfanden, gab es zahlreiche Obrigkeiten, die auf das Drängen der Gemeinden nach Hexenprozessen mit Zurückhaltung reagierten.

Um ihr Verfolgungsinteresse gegenüber der Obrigkeit besser durchsetzen zu können, bildeten Gemeinden der Dörfer und kleinen Landstädte in einigen Territorien Hexenausschüsse. Solche Ausschüsse sind für Kurtrier, Kurköln, Pfalz-Zweibrücken, Nassau-Saarbrücken und Lothringen belegt. Die Mitglieder der Ausschüsse wurden von der Gemeinde in das Amt gewählt. Sie leiteten die Verfahren ein, indem sie Beweise gegen verdächtige Personen in der Gemeinde sammelten, Listen von Zeugen aufstellten und die Durchführung von Prozessen bei den zuständigen Obergerichten beantragten.

Auch in Gebieten, in denen es keine Hexenausschüsse gab, forderten Dorfschaften Hexenprozesse und setzten ihr Interesse an Hexenverfolgung durch, indem sie als Kläger auftraten. Ein Fall aus der Grafschaft Lippe soll hier als Beispiel dienen. Am 20. Mai 1586 richteten die Eingesessenen des Kirchspiels Schlangen ein Gesuch an ihren Landesherrn Graf Simon VI. zur Lippe, in dem sie die gerichtliche Verfolgung etlicher berüchtigter Zauberschen aus den Dörfern Osterholz, Kohlstädt und Schlangen forderten. Sie nannten die alte Deppe, ihre Tochter Mette, Lueke zu Osterholz, Else Rutt und ihre Tochter Anneke und Trine Bunsen. Graf Simon teilte ihnen mit, daß sie ihre Klage vorbringen sollten, aber 300 Taler Strafe zahlen müßten, wenn sie „die bezichtigten Taten" nicht beweisen könnten oder die „Weiber nicht bekenntlich sein würden". Er bezog sich damit auf den Rechtsgrundsatz, nach dem Kläger, die eine Person zu Unrecht beschuldigten, bestraft werden sollten. Die Gemeinde nahm die Bedingung an und erklärte sich bereit, Beweismaterial zusammenzutragen und an die Justizkanzlei nach Detmold zu schicken. Am 18. Juli wurden siebzehn Männer und eine Frau als Zeugen verhört.

Graf Simon schickte die Protokolle der Zeugenaussagen an die Juristenfakultät der Universität Marburg mit der Bitte um Rechtsberatung, da er und seine Beamten Zweifel hätten, ob die Beweise ausreichten, um die Frauen zu verhaften und peinlich zu verhören. Am 13. August entschieden die Marburger Juristen, daß nur gegen die alte Deppe und ihre Tochter und Trine Bunsen gerichtlich vorzugehen sei. Die alte Deppe war inzwischen aus dem Dorf geflohen, niemand wußte, wohin sie gegangen war. Mette Deppe und Trine Bunsen wurden nach Detmold geholt, dort ins Gefängnis gesetzt und verhört. Verurteilt und hingerichtet wurde nur Mette Deppe, Trine Bunsen kehrte ins Dorf zurück. Das veranlaßte die Einwohner des Kirchspiels, sich erneut an den Grafen zu wenden. Sie hatten große Bedenken, solche „Mördersche und Zauberinnen" in ihrer Gemeinde zu dulden und drückten ihr Befremden darüber aus, daß der Landesherr den „armen Untertanen" so ungnädig gewesen sei und eine Frau, „die der zauberischen Kunst lange Jahre verdächtig und berüchtigt gewesen", ins Dorf zurückschicke. Diejenigen, denen sie Schaden zugefügt habe, würden ihr dies in Ewigkeit nicht vergeben. Sie sei schuldig und habe nur deswegen kein Bekenntnis abgelegt, weil sie nicht hart genug der Tortur ausgesetzt worden sei.

Ängste vor Frauen, die nach ihrer Freilassung wieder ins Dorf kamen, beruhten auf der Vorstellung, daß diese sich an ihren Gegnern rächen könnten. Auch in anderen Gebieten wehrten sich Gemeinden dagegen, solche Frauen wieder aufzunehmen. 1583 drängten die Einwohner von Tundern im Herzogtum Calenberg-Göttingen den Amtmann Hilmar von Amelunxen, die wegen Zauberei verhafteten Frauen schärfer zu verhören, damit ihre Verurteilung sichergestellt werde. Sie fürchteten, „da der Weiber eine oder die andere wiederum ins Dorf sollte, so würde es manchen in Tundern zu nicht wenig Verderben geschehen". Hier zeigt sich, welches Schicksal Frauen erwartete, die einen Hexenprozeß überlebten. Sie galten in der Gemeinde weiterhin als Hexen und wurden geächtet.

Die Gemeinde Schlangen verlangte vom Grafen zur Lippe nicht nur die Wiederaufnahme des Verfahrens gegen Trine Bunsen, sondern wollte außerdem die Namen derer wissen, welche die hingerichtete Mette Deppe im Verhör als „Gesellinnen" benannt habe. Beim öffentlichen Gerichtstag waren sie nicht verlesen worden. Die Geheimhaltung der Namen vor der Öffentlichkeit war eine Maßnahme des Landesherrn, unschuldig Besagte zu schützen. Unter seiner Regierung wurden Frauen erst dann verhaftet, wenn die Berechtigung des Verdachts durch Zeugenverhöre bewiesen war. Das Schreiben der Kirchspielbewohner endete mit einem Apell an den Landesherrn, das die allgemein üblichen Argumente der Gemeinden für die Verfolgung von Hexen verwendete.

Es sei die Pflicht der hohen Landesobrigkeit als einer Dienerin Gottes, der das Schwert der Gerechtigkeit befohlen sei, Recht und Gerechtigkeit zu üben, damit das Böse der Gebühr nach gestraft und weggeräumt und das Gute dadurch geschützt werde. Durch Hexenprozesse beweise der Graf seinem Amt und Gott dem Allmächtigen einen sonderlichen Gefallen, und dies gereiche den „armen Leuten, die von den Unholden und bösen Weibern ins Verderben gestürtzet, zum Besten".

Die Gemeinde reichte mit diesem Schreiben zugleich neues Beweismaterial ein und bewirkte damit, daß der Prozeß wieder aufgenommen und weitere Frauen verhaftet und auch verurteilt wurden. Trine Bunsen, Anneke Rutt und Grete Schäfer wurden im April 1589 hingerichtet.

Die Ereignisse im Kirchspiel Schlangen sind in mehrfacher Hinsicht typisch, sowohl für die Tendenz der Gemeinden, Hexenverfolgung zu erzwingen als auch für die herrschende Vorstellung, daß Schadenzauber die Ursache sozialer und wirtschaftlicher Probleme sei. Was in den Anklagepunkten gegen die „Zauberschen" erscheint, ist nur die Spitze eines Eisberges an Konflikten, die sich zwischen den Bewohnern des Dorfes abspielten. Auf den ersten Blick erscheinen die Vorwürfe – Anzaubern von Krankheiten bei Mensch und Vieh – klischeehaft und die Anlässe für Streitigkeiten, in deren Verlauf die Frauen Drohungen und Flüche ausgesprochen hatten, teilweise banal. Werden aber die jeweiligen Lebensbedingungen der Menschen berücksichtigt, so zeigt sich, daß hier existentielle Konflikte ausgetragen wurden. Mit dem starken Bevölkerungswachstum in der zweiten Hälfte des 16. Jahrhunderts stieg in den ländlichen Gemeinden vor allem die Zahl der unterbäuerlichen Einwohner. Das Bemühen dieser Leute, ihre Existenz zu sichern, führte zu Verteilungskämpfen unter den Dorfbewohnern. Ehefrauen, Mütter und Töchter nahmen aktiv an solchen Auseinandersetzungen teil. In dieser angespannten Situation, in der die kleinen Leute von Armut und Hunger bedroht waren, bestimmten Konkurrenz, Neid und Mißtrauen das Klima in der Gemeinde. Verluste und Krankheit wurden als Angriffe neidischer und feindlicher Nachbarn gedeutet und mit Diebstahl und Zauberei erklärt. Als Ausdruck der Atmosphäre und der Probleme im Kirchspiel möchte ich einige der Konflikte, in welche die angeklagten Frauen in der Gemeinde verwickelt waren, beschreiben.

Anneke Rutt wurde angeklagt, ihrem Schwager Drewes Hartmann eine Kuh zu Tode gezaubert zu haben. Hartmann war mit der Schwester Annekes verheiratet. Er lebte mit seiner Ehefrau in ständigem Streit und unterstellte ihrer Familie, vor allem ihrem Bruder, ihn über Jahre hin bestohlen und dadurch seine Armut verursacht zu haben. Mit dieser Begründung forderte er von seinem Schwager eine Kuh als Schadenersatz. Als der Schwager ihm dies verweigerte und kurz darauf Hartmanns einzige Kuh starb, verdächtigte er Anneke Rutt der Zauberei. Der Verlust der einzigen Kuh bedeutete für ihn als armen Mann eine schwere Einbuße.

Die alte Deppe und ihre Tochter sollten den Bauern Wulfkuhle zu einem armen Mann gemacht haben. Hermann Wulfkuhle waren seine Pferde und vier Milchkühe verendet, was für ihn den Ruin bedeutete. Er führte sein Unglück auf den Schadenzauber der beiden Deppes zurück, von deren Neid und Haß er sich verfolgt fühlte. Begonnen hatten die Streitigkeiten vor zwanzig Jahren, als die Gänse der Deppe in Wulfkuhles Feld das Getreide abgefressen hatten. Wenn die Tiere der armen Leute in die Felder der Bauern liefen, handelte es sich vermutlich selten um eine Nachlässigkeit der Besitzer, sondern um gezielte Futterbeschaffung. Zumindest unterstellte Wulfkuhles Vater der alten Deppe, sie habe ihre Gänse absichtlich in sein Feld getrieben. Die beiden gerieten darüber in heftigen Streit, und die Deppe verkündete anschließend im Dorf, Wulfkuhle solle „nie mehr über grünes Gras gehen". Dies war als Drohung und Voraussage seines baldigen Todes gemeint. Auf dem Totenbett

bezichtigte Wulfkule die Deppe, ihm seine Krankheit angetan zu haben. Wulfkuhles Sohn Hermann sah seitdem
die Deppe und ihre Tochter Mette als seine Feindinnen
an. Nach einem Streit, in dessen Verlauf die Deppe ihn
verflucht hatte, trieb er in seinem Zorn seine Pferde
beim Pflügen dermaßen an, daß sie vor Schwäche umfie-
len und später verendeten. Er deutete den Tod der Pferde
als Folge der Zauberflüche der Deppe.

Trine Bunsen war vor fünfzehn Jahren, nach dem Tod ihres ersten Ehemanns, aus Lippstadt schwanger nach
Schlangen gekommen und hatte Johann Bunsen geheiratet. Trine und Johann Bunsen hatten Geld als Darlehen
auf einen Acker aufgenommen und waren bei mehreren
Leuten im Dorf verschuldet. Als die Gläubiger wegen
ausbleibender Zahlungen das gepfändete Land in Besitz
nehmen und bebauen wollten, stellte sich heraus, daß
die Bunsens den Acker mehrfach verpfändet hatten. Der
Zorn der Gläubiger richtete sich auf die Ehefrau als die
„Fremde" im Dorf. Man erinnerte sich jetzt an das
Gerücht, daß sie ihren ersten Ehemann vergiftet hätte.
Die Schlangener kannten zwei Bürger aus Lippstadt, die
bestätigten, daß der Ehemann damals auf dem Sterbebett
Trine der Zauberei bezichtigt habe.

Trine Bunsen wurde von ihren Gläubigern bezichtigt, sie
habe ihnen Kühe zu Tode gezaubert. Und Bernd Klocke
warf ihr vor, seine Mutter durch Zauber gelähmt zu haben. Die beiden Frauen waren beim Nüssesammeln in
Streit geraten. Trine Bunsen habe aus Zorn darüber, daß
die Klocke mehr Nüsse gesammelt hatte, diese mit den
Worten verflucht, sie solle dieses Mal noch Nüsse sammeln, aber hinfort nicht mehr. Der Anlaß des Streits war
keineswegs banal. Das Sammeln von Beeren und Nüssen
war ein wesentlicher Beitrag zur Ernährung, der von

Frauen und Kindern geleistet wurde. Vor allem Angehörige der unterbäuerlichen Schicht mit geringem
Land- und Viehbesitz waren auf diese zusätzliche Nah-
rungsbeschaffung angewiesen. Die Konkurrenz in diesem Bereich war groß; wer mehr sammelte, „schädigte"
die anderen. Hier wird die Erfahrung begrenzter Güter
besonders deutlich.

Die alte Klocke war nach dem Streit gestürzt, hatte sich
ein Bein gebrochen, blieb gelähmt und war nach Aussage
ihres Sohnes „ganz verderbt", so daß sie nicht mehr arbeiten konnte. Die Familie war auf die Arbeitskraft aller,
Kinder und alter Leute, angewiesen. Die gelähmte Mutter war für den armen Mann eine Belastung, er konnte
seine nicht ernähren, sie mußte von Almosen leben.

Für die Kirchspielbewohner bot das Deutungsmuster
Zauberei eine Möglichkeit, ihr Unglück und ihre Verar-
mung zu erklären und denen die Schuld zuzuordnen, deren Neid und Haß man fürchtete. Mit der Bestrafung der
„bösen Weiber", ihrer Beseitigung aus der Gemeinde,
glaubten die Leute auch die Ursachen ihres Unglücks
zu beseitigen. Die Hinrichtung der Zauberschen galt
außerdem als „abschreckendes Exempel", das weitere
Zauberei verhindern würde. Die Tragik der betroffenen
Frauen war, daß ihr Verhalten in Konflikten zur Ursache
der Probleme erklärt wurde, aus der die Konflikte er-
wuchsen.

### 3. Der Prozeß gegen Margarethe Müller

Welche Folgen das Bemühen einer Obrigkeit um einen
„gerechten Prozeß" für die angeklagten Frauen haben
konnte, zeigen die Erfahrungen, die Margarethe Müller

machte. Nachdem sie ihre Beleidigungsklage gegen Apollonia Schultze dem Amtmann Hans Ernst von Witzleben in Gerstungen vorgetragen hatte, verhörte dieser am 31. Juli 1657 die beklagte Schultzin zu den Vorwürfen. Diese bestand darauf, daß sie die Müllerin keinesfalls der Hexerei bezichtigt habe, diese habe sich durch ihr Verhalten selbst ins Gerede gebracht. Sie halte die Müllerin jedoch für verdächtig, da in Neustadt eine Reihe von Hexereigerüchten über sie kursierten. Aufgrund des Berichts der Schultzin sah sich der Amtmann verpflichtet, den Fall der Regierungskanzlei in Eisenach zu melden, um anzufragen, wie er weiter vorgehen solle.

Der fürstliche geheime Rat und Landesdirektor Zacharias Prunschenck entschied als Vertreter des Fürsten Wilhelm von Sachsen, zu dessen Herrschaftsgebiet Thüringen gehörte, daß Margarethe Müller wegen begründeten Hexereiverdachts in Haft genommen werden solle. Das Ermittlungsverfahren wurde durch Zeugenverhöre eröffnet. Valk und Apollonia Schultze waren jetzt Zeugen im Hexenprozeß. Zu den übrigen Verdachtsmomenten sollten das Ehepaar Landfelden und Marthe Wilden, die Großmutter des verstorbenen Kindes der Landfelden, sowie der Ehemann der Müllerin und ihre Schwiegermutter verhört werden. Außerdem sollte der Amtmann beim Pfarrer von Neustadt, Rudolf May, und bei den Nachbarn Erkundigungen über den Lebenswandel der Müllerin einziehen. Der Lebenswandel einer Person war nach Artikel 25 der Carolina ein wesentliches Kriterium für die Entscheidung, ob ein Straftatverdacht als begründet anzusehen war und ein peinliches Verhör durchgeführt werden durfte.

Der Prozeß gegen Margarethe Müller wurde – wie alle Prozesse von Amts wegen – entsprechend dem Inquisitionsverfahren geführt. Die Verhöre der Zeugen und der Angeklagten fanden unter Ausschluß der Öffentlichkeit statt, und die Zeugen wurden durch Eid verpflichtet, über ihr Verhör Stillschweigen zu wahren. Die für den Prozeß zuständigen Vertreter der Obrigkeit saßen in der Kanzlei in Eisenach. In der Amtsstadt Gerstungen wurde lediglich ausgeführt, was von dieser Instanz und den Juristen der Universität Jena entschieden worden war. Der Landesdirektor hielt sich als Amtsankläger in seinen Anordnungen an die Rechtsgutachten der „Doctores" des Schöffenstuhls von Jena, deren Rat im Prozeß gegen Margarthe Müller mehrmals eingeholt wurde. Im Gegensatz zu Catharina Staudinger aus Marburg hatte Margarethe Müller keinen Verteidiger. Durch die Beteiligung mehrerer Instanzen am Verfahren konnten Inqisitionsprozesse zu einem aufwendigen und langwierigen Verfahren werden. In Margarethe Müllers Sache war der berittene Gerichtsbote über ein Jahr hin zwischen Gerstungen, Eisenach und Jena zahlreiche Male mit der Akte und den Schreiben der jeweiligen Stellen unterwegs.

Das erste Schreiben, den Bericht über die Klage Margarethe Müllers und die Stellungnahme und Aussagen des Ehepaares Schultze, hatte von Witzleben am 4. August nach Eisenach geschickt. Am 8. August ordnete der Landesdirektor Zeugenverhöre an, die der Amtmann vom 11. bis 14. August durchführte. In Eisenach wurde entschieden, daß nach diesen Aussagen ein begründeter Verdacht auf Hexerei vorliege und Margarethe Müller zunächst gütlich, d.h. ohne Anwendung der Folter, zu verhören sei. Die entsprechenden Frageartikel zum Schadenzauber sollte der Amtmann auf der Basis der Zeugenaussagen zusammenstellen. Die Fragen nach dem Teufelsbündnis, der Abschwörung des christlichen Glaubens, der Unzucht mit dem Teufel und den Hexentänzen sollten aus dem vorausgegangenen Hexenprozeß gegen Margarethe Asmuß, die Buchenauin, übernommen werden.

Am 26. August wurde Margarethe Müller durch den Amtmann verhört, der Fragekatalog umfaßte neunzig Punkte. Da sie die ihr vorgeworfene Hexerei leugnete, wurden die Zeugen, außer ihrem Ehemann, nochmals vorgeladen und mit ihr konfrontiert. Alle Zeugen wiederholten unter Eid ihre Aussagen gegen die Müllerin. In Eisenach wurde am 31. August entschieden, die Akte nach Jena zu schicken, wo die Schöffen am 12. September die Auflage machten, weitere Nachforschungen über den Lebenswandel der Verhafteten bei Nachbarn zu betreiben und zu prüfen, ob neue Indizien für Hexerei zu finden seien. Der Amtmann konnte in Erfahrung bringen, daß Margarethe auf dem letzten Weihnachtsmarkt versucht hätte, zwei Muskatnüsse zu stehlen und deshalb vom einem Krämer geschlagen worden sei. Am 22. September wurde die Verhaftete wegen des versuchten Diebstahls verhört. Sie bestätigte den Vorfall, beteuerte aber, die Nüsse aus Versehen beim Aufheben ihrer Handschuhe mitgegriffen und anschließend dem Krämer zurückgegeben zu haben.

Der erneut konsultierte Schöffenstuhl in Jena entschied jetzt, da die Verhaftete eine Person von schlechtem Leumund und außerdem mit Diebstahl belastet sei, daß der Verdacht auf Hexerei gerechtfertigt und die Anwendung der Folter im Verhör notwendig sei. Sie solle zunächst noch einmal gütlich in Anwesenheit des Scharfrichters verhört werden, der ihr, wenn sie weiterhin leugne, die Folterinstrumente zeigen und, falls sie auch dann zu keinem Geständnis bereit sei, die Tortur vornehmen solle. Dies waren die üblichen Stufen eines Verhörs, das nicht nur bei Hexereiverdacht, sondern auch bei anderen Straftaten angewendet wurde.

Als im Oktober das Urteil von Jena in Gerstungen eintrifft und das peinliche Verhör vorgenommen werden soll, gibt Margarethe Müller an, sie sei schwanger. Nach den gültigen Gesetzen durften schwangere Frauen einem peinlichen Verhör nicht unterzogen werden. Mehrere Hebammen untersuchen sie, können aber nicht eindeutig feststellen, ob eine Schwangerschaft vorliegt. Deshalb ordnet der Landesdirektor an, den Termin für die peinliche Befragung der Verhafteten um vier Wochen aufzuschieben und in der Zwischenzeit weitere Untersuchungen durch Hebammen vornehmen zu lassen. Am 20. Oktober meldet der Amtmann, die Hebammen hätten festgestellt, daß sich bei Margarethe Müller „Leben geregt" habe. Am 24. Oktober wird in Eisenach entschieden, das Verfahren gegen Margarethe Müller bis zu ihrer Niederkunft auszusetzen und sie in angemessener Haft zu halten, so daß ihr kein Schaden entstehen, sie aber auch nicht entfliehen könne.

Am 26. Februar 1658 bringt Margarethe Müller im Gefängnis eine gesunde Tochter zur Welt. Nach Einhaltung der sechs Wochen „Kindbettzeit" fragt der Amtmann am 9. April in Eisenach an, wie jetzt weiter zu verfahren sei. Der Landesdirektor fordert einen Bericht darüber, wie sich die Verhaftete vor, in und nach der Geburt verhalten und ob sie viel gebetet habe. Die Akte solle dann an die Juristenfakultät in Erfurt geschickt und angefragt werden, ob das letzte Urteil der Jenaer Schöffen vom Oktober 1657 noch Gültigkeit habe. Am 20. April werden die Hebamme, die bei der Geburt im Gefängnis anwesend war, der Landsknecht Roß und seine Frau Barbara, die Margarethe Müller im Gefängnis versorgt haben, als

Zeugen befragt. Sie geben an, daß die Verhaftete sich nicht auffällig benommen habe, sie aber nie gehört hätten, daß sie Gebete gesprochen habe. Diese Feststellung erhöht den Verdacht, daß sie im Bund mit dem Teufel stehe.

Das am 24. April datierte Urteil aus Erfurt schreibt vor, die Verhaftete peinlich zu verhören, doch die Tortur so durchzuführen, daß dem Säugling „an seiner Nahrung kein Abbruch geschehe". Der Landesdirektor entscheidet daraufhin, das Kind der Verhafteten einer Amme zu übergeben, damit die peinliche Befragung der Mutter ohne Einschränkung durchgeführt werden könne. Am 3. Mai wird Margarethe Müller in Anwesenheit des Scharfrichters aus Mühlhausen, Hans Nicoll Meßing, zunächst gütlich verhört. Nachdem sie die Hexerei leugnet, nimmt der Scharfrichter die Tortur vor. Sie wird an ihren auf den Rücken gebundenen Armen auf einer Leiter hochgezogen und an ihren Unterschenkeln werden Beinschrauben angesetzt. Nach eineinhalb Stunden ist sie zum Geständnis bereit. Sie gesteht, eine Hexe und Zauberin zu sein, mit dem Teufel ein Bündnis geschlossen, Gott verleugnet, mit dem Teufel Unzucht getrieben und an Hexentänzen teilgenommen zu haben. Auf dem Tanz habe sie mehrere Personen aus Neustadt und den umliegenden Dörfern gesehen, deren Namen sie auch nennt. Den Schaden an den Kühen von Valk und Apollonia Schultze und den Tod des Kindes von Volkmar Landfelden habe sie durch Zauberei verursacht.

Das Geständnis muß nach den Vorschriften ein zweites Mal ohne Anwesenheit des Scharfrichters wiederholt werden. Margarethe Müller ist dazu bereit. Das Protokoll ihres Geständnisses wird nach Anweisung aus Eisenach an den Schöffenstuhl in Jena geschickt. Die Juristen entscheiden, daß sie durch das Feuer hingerichtet werden soll. Die Bitte der Angeklagten auf Begnadigung zur Hinrichtung durch das Schwert wird nicht berücksichtigt. Am 14. Mai ordnet der Landesdirektor an, den endlichen Rechtstag anzusetzen und anschließend die Hinrichtung der Angeklagten durchzuführen.

Der endliche Rechtstag war der einzige öffentliche Teil des Verfahrens, er wurde in der Regel auf dem Marktplatz durchgeführt. In Anwesenheit der ganzen Gemeinde wurde vor Gericht das Geständnis verlesen, das die Angeklagte Punkt für Punkt noch einmal bestätigen mußte. Auf diese Weise wurde den Anwesenden bekannt, worin das Verbrechen der Hexerei bestand. Die öffentliche Verlesung des Geständnisses trug wesentlich dazu bei, das Hexerei-Stereotyp zu verbreiten und regionale Geständnismuster herauszubilden.

Zur Hinrichtung Margarethe Müllers kommt es jedoch zu diesem Zeitpunkt noch nicht. Nachdem sie gehört hat, daß ihr Gnadengesuch auf Hinrichtung durch das Schwert abgelehnt worden sei und sie verbrannt werden solle, äußert sie gegenüber dem Pfarrer, ihr geschehe Unrecht, sie sei keine Hexe. Am 28. April schickt der Amtmann den Bericht des Pfarrers über das Verhalten der Angeklagten nach Eisenach. Dort wird entschieden, daß die Angeklagte in Anwesenheit von Gerichtsschöffen außerhalb des Gefängnisses erneut verhört werden und das Protokoll anschließend nach Jena geschickt werden soll. Am 3. Juni wideruft Margarethe Müller auf der Amtsstube ihr vorheriges Geständnis und begründet ihre damaligen Aussagen damit, daß sie Angst vor weiterer „Marter" gehabt habe. Außerdem vermutet sie, daß die Suppe, die ihr der Scharfrichter nach der Tortur gegeben habe, etwas enthielt, das sie zum Reden gebracht habe.

Ihre Vermutung ist nicht unbegründet. Es gehörte zur „Kunst" der Scharfrichters, Verhöre erfolgreich durchzuführen, ohne eine Angeklagte durch Folter zu sehr zu verletzen. Dabei wurden neben Versprechungen und Drohungen offensichtlich auch Mittel eingesetzt, welche die Angeklagte gefügig machten und zum Reden brachten.

Der Jenaer Schöffenstuhl ordnet nach diesem Vorfall an, der Müllerin erneut ihr erstes Geständnis vorzuhalten und, falls sie weiter leugne, die Tortur vorzunehmen. Am 22. Juni wird das Verhör durchgeführt. Nach der Ursache ihres Widerrufs gefragt, gibt sie an, die Leute hätten ihr Angst gemacht und gesagt, „wenn sie auf die Tortur käme, bliebe kein Glied beim andern". Nach anfänglichem Leugnen wird sie dem Scharfrichter übergeben, ist wieder bereit alles zu gestehen und bekennt sich der Hexerei schuldig. Das Protokoll des Geständnisses wird ihr auf der Amtstube vorgelesen und von ihr bestätigt. Der Gerichtsbote, der die Akte nach Eisenach bringt, damit dort das Urteil und der Hinrichtungstermin festgelegt werden, berichtet in der Kanzlei, daß Margarethe Müller gegenüber der Landsknechtsfrau nach der Verlesung des Geständnisses geäußert habe, ihr geschehe Unrecht, sie sei keine Hexe. Dieser Sachverhalt, der in der Akte nicht vermerkt ist, veranlaßt den Landesdirektor, den endlichen Rechtstag nochmals aufzuschieben. Der Landsknecht und seine Frau sollen als Zeugen verhört und Margarethe Müller auf der Amtstube zu diesem Punkt gütlich befragt werden. Dies geschieht am 1. Juli. Am 2. Juli wird der Pfarrer Rudolf May zu Margarethe Müller ins Gefängnis geschickt, da sie beichten wolle. Sie beklagt sich aber bei ihm, daß der Bäcker von Sallmannshausen, der verhaftet worden war, weil sie und vor ihr zwei andere hingerichtete Frauen ihn als Teilnehmer beim Hexentanz besagt hatten, wieder freigelassen worden wäre, sie dagegen aber im Gefängnis gehalten werde. Wenn der Pfarrer ihr ins Herz sehen könne, wüßte er, daß sie unschuldig sei.

Die Zeugenaussagen und der Bericht des Pfarrers werden nach Jena geschickt. Am 19. Juli ordnen die Schöffen ein weiteres peinliches Verhör an, das Geständnis soll nach einer Woche auf der Amtsstube bestätigt werden und dann der endliche Rechtstag mit der Verurteilung stattfinden. Auch wenn die Angeklagte vor Gericht dann widerrufe, solle sie hingerichtet werden.

Dazu kommt es jedoch nicht. Am 21. Juli gelingt Margarethe Müller die Flucht aus dem Gefängnis, sie flieht über die Grenze nach Hessen, kann sich dadurch aber nicht retten. Der Amtmann schickt am 22. Juli Boten mit einem Steckbrief in alle umliegenden Ämter aus. Am 23. Juli wird Margarethe Müller im hessischen Amt Sontra erkannt, festgenommen und über die Grenze zurückgebracht. Als sie am 27. Juli über die Umstände und Gründe der Flucht verhört wird, gibt sie folgenden Bericht: Die Wächter hätten sie am Nachmittag des 21. Juli hinausgeführt, damit sie ihre Notdurft verrichten konnte, und hätten dazu ihre Fußketten gelöst. Anschließend habe sie vortäuschen können, sie sei bereits wieder gefesselt. Mit einem Nagel, den sie aus der Amtsstube mitgenommen habe, hätte sie die Steine aus dem Mauerwerk losgekratzt. Als Grund für die Flucht gibt sie an, man habe ihr gesagt, der Scharfrichter aus Eisenach sollte die weiteren Verhöre übernehmen. Aus Angst vor diesem wegen seiner Härte berüchtigten Mann sei sie geflohen. Am 28. Juli beteuert sie erneut dem Pfarrer gegenüber ihre Unschuld, läßt aber am Nachmittag nochmal nach ihm rufen und erklärt ihm, sie sei der Hexerei schuldig und bereue ihre Sünden.

Im folgenden Verhör am 29. Juli bestätigt sie ihr erstes Geständnis. Der Landesdirektor in Eisenach entscheidet am 5. August, daß sie zum Tod durch das Schwert begnadigt werde. Die Exekution soll am 10. August durchgeführt werden. Doch vorher beteuert die Angeklagte nochmals dem Pfarrer, sie sei keine Hexe. Da der Pfarrer beschließt, die Sache dem Superintendenten weiterzumelden, wird der Rechtstag noch einmal aufgeschoben. Als am 20. August ein erneuter Versuch Margarethe Müllers, aus dem Gefängnis auszubrechen, mißlingt, ist ihr Widerstand gebrochen. Sie bekennt im Verhör am 22. August, eine Hexe zu sein und bleibt bei dieser Aussage auch beim endlichen Rechtstag. Am 30. August wird Margarethe Müller durch das Gericht in Gerstungen als Hexe zum Tode verurteilt, anschließend aus der Stadt zum Richtplatz geführt und unter Anwesenheit einer großen Menge von Leuten durch den Scharfrichter aus Mühlhausen enthauptet. Ihr Körper wird anschließend verbrannt.

# Benutzte und weiterführende Literatur

*Gedruckte Quellen:*

Jodokus Hocker / Hermann Hamelmann, Der Teufel selbst, Frankfurt a. M. 1627

Geiler von Kaysersberg, Die Emeis, Straßburg 1516

Jakob Sprenger / Heinrich Institoris, Der Hexenhammer (Malleus Maleficarum), hrsg. von J. W. R. Schmidt, München 1985[3] (ND der Ausgabe von 1906)

Christian Thomasius, Vom Laster der Zauberei. Über die Hexenprozesse (De Crimine Magiae. Processus Inquisitorii contra Sagas), hrsg. von Rolf Lieberwirth, München 1986

Die Peinliche Gerichtsordnung Kaiser Karls V. von 1532, hrsg. von Gustav Radbruch u. Arthur Kaufmann, Stuttgart 1980[5]

Behringer, Wolfgang (Hg.), Hexen und Hexenprozesse in Deutschland, München 1988

Schreiber, Fritz, Hexenprozesse im Amt Medenbach, in: Hexen-Gerichtsbarkeit im kurkölnischen Sauerland. Hrsg. v. Schieferbergbau-Heimatmuseum Schmallenberg-Holthausen 1984, S. 137–176

## Literatur

*1. Literaturberichte:*

Behringer, Wolfgang, Erträge und Perspektiven der Hexenforschung, in: Historische Zeitschrift 249 (1989), S. 619–640

Bender-Wittmann, Ursula, Frauen und Hexen – feministische Perspektiven der Hexenforschung, in: Pramann, Regina (Hg.),

Hexenverfolgung und Frauengeschichte. Beiträge aus der kommunalen Kulturarbeit, Bielefeld 1993, S. 11–32

Hehl, Ulrich von, Hexenprozesse und Geschichtswissenschaft, in: Historisches Jahrbuch 107 (1987), S. 349–375

Kriedte, Peter, Die Hexen und ihre Ankläger. Zu den lokalen Voraussetzungen der Hexenverfolgungen in der frühen Neuzeit. Ein Forschungsbericht, in: Zeitschrift für historische Forschung 14 (1987), S. 47–71

## 2. Hexenprozesse:

Alfing, Sabine, Hexenjagd und Zaubereiprozesse in Münster. Vom Umgang mit Sündenböcken in den Krisenzeiten des 16. und 17. Jahrhunderts, Münster/New York 1991

Behringer, Wolfgang, Hexenverfolgung in Bayern. Volksmagie, Glaubenseifer und Staatsräson in der Frühen Neuzeit, München 1988

Beyer, Christel, „Hexen-Leut, so zu Würzburg gerichtet". Der Umgang mit Sprache und Wirklichkeit in Inquisitionsprozessen wegen Hexerei, Frankfurt a. M./Bern/New York 1986

Blauert, Andreas, Frühe Hexenverfolgungen. Schweizerische Ketzer-, Zauberei- und Hexenprozesse des 15. Jahrhunderts, Hamburg 1989

Blauert, Andreas (Hg.), Ketzer, Zauberer, Hexen. Die Anfänge der europäischen Hexenverfolgung, Frankfurt a. M. 1990

Blauert, Andreas, Hexenverfolgung in einer spätmittelalterlichen Gemeinde. Das Beispiel Kriens/Luzern um 1500, in: Geschichte und Gesellschaft 16 (1990), S. 8–25

Decker, Rainer, Die Hexenverfolgungen im Herzogtum Westfalen, in: Westfälische Zeitschrift 131/32 (1981/82), S. 339–386

Decker, Rainer, Die Hexenverfolgungen im Hochstift Paderborn, in: Westfälische Zeitschrift 128 (1978), S. 314–356

Franken, Irene/Hoerner, Ina, Hexen. Die Verfolgung von Frauen in Köln, Köln 1987

Gebhard, Horst Heinrich, Hexenprozesse im Kurfürstentum Mainz des 17. Jahrhunderts, Mainz 1989

Hartmann, Wilhelm, Die Hexenprozesse in der Stadt Hildesheim (= Quellen und Darstellungen zur Geschichte Niedersachsens Bd. 35), Hildesheim 1927

Hexen-Gerichtsbarkeit im kurkölnischen Sauerland. Hrsg. v. Schieferbergbau-Heimatmuseum Schmallenberg-Holthausen 1984

Honegger, Claudia, Die Hexen der Neuzeit. Studien zur Sozialgeschichte eines kulturellen Deutungsmusters, Frankfurt a. M. 1978

Jerouschek, Günther, Die Hexen und ihr Prozeß. Die Hexenverfolgungen in der Reichsstadt Esslingen, Esslingen 1992

Kunze, Michael, Straße ins Feuer. Vom Leben und Sterben in der Zeit des Hexenwahns, München 1982

Nieß, Walter, Hexenprozesse in der Grafschaft Büdingen. Protokolle, Ursachen, Hintergründe, Büdingen 1982

Rummel, Walter, Bauern, Herren und Hexen. Studien zur Sozialgeschichte sponheimischer und kurtrierischer Hexenprozesse, Göttingen 1991

Schormann, Gerhard, Hexenprozesse in Deutschland, Göttingen 1981

Schormann, Gerhard, Hexenprozesse in Nordwestdeutschland, Hildesheim 1977

Valentinitsch, Helfried (Hg.), Hexen und Zauberer. Die große Verfolgung – ein europäisches Phänomen in der Steiermark, Graz/Wien 1987

Wilbertz, Gisela, Die Hexenprozesse in Stadt und Hochstift Osnabrück, in: Degn/Lehmann/Unverhau (Hg.), Hexenprozesse. Deutsche und skandinavische Beiträge, Neumünster 1983, S. 218–221

Wunder, Heide, Hexenprozesse im Herzogtum Preußen während des 16. Jahrhunderts, in: Degn/Lehmann/Unverhau (Hg.), Hexenprozesse. Deutsche und skandinavische Beiträge, Neumünster 1983, S. 179–204

## 3. Hexen und Hexenbilder:

Ahrendt-Schulte, Ingrid, Schadenzauber und Konflikte. Sozialgeschichte von Frauen im Spiegel der Hexenprozesse des 16.

Jahrhunderts in der Grafschaft Lippe, in: Wunder, Heide/
Vanja, Christina (Hg.), Wandel der Geschlechterbeziehungen
zu Beginn der Neuzeit, Frankfurt a.M. 1991, S. 198–228

Ahrendt-Schulte, Ingrid, Hexenprozesse als Gegenstand Historischer Frauenforschung. Der Fall Ilse Winter in Donop
1589, in: Scheffler/ Schwerhoff/ Wilbertz (Hg.), Hexenverfolgung und Regionalgeschichte. Die Grafschaft Lippe im Vergleich, Bielefeld 1994

Baroja, Julio Curo, Die Hexen und ihre Welt, Stuttgart 1967

Becker, Gabriele/Bovenschen, Silvia, u.a., Aus der Zeit der Ver-
zweiflung. Zur Genese und Aktualität des Hexenbildes,
Frankfurt a. M. 1977

Dülmen, Richard van (Hg.), Hexenwelten. Magie und Imagina-
tion vom 16.–20. Jahrhundert, Frankfurt a.M. 1987

Burghartz, Susanna, Hexenverfolgung als Frauenverfolgung?
Zur Gleichsetzung von Hexen und Frauen am Beispiel der
Luzerner und Lausanner Hexenprozesse des 15. und 16. Jahr-
hunderts, in: 3. Schweizerische Historikerinnentagung.
Beiträge, hg. v. Lisa Berrisch u.a., Zürich 1986, S. 86–105

Dülmen, Richard van, Die Dienerin des Bösen. Zum Hexenbild
in der frühen Neuzeit, in: Zeitschrift für historische Forschung 18 (1991), S. 385–398

Hasler, Eveline, Anna Göldin. Letzte Hexe, München 1990

Roper, Lyndal, Angst und Aggression. Hexenanklagen und Mut-
terschaft im frühneuzeitlichen Augsburg, in: Sowi 21 (1992),
S. 68–76

Roper, Lyndal, Ödipus und der Teufel, in: Blauert, Andreas/
Schwerhoff, Gerd (Hg.), Mit den Waffen der Justiz. Zur Kri-
minalitätsgeschichte des späten Mittelalters und der frühen
Neuzeit, Frankfurt a.M. 1993, S. 32–53

Schade, Sigrid, Schadenzauber und die Magie des Körpers.
Hexenbilder der Frühen Neuzeit, Worms 1983

4. Magie und Hexenglaube:

Bächthold-Stäubli, Hanns (Hg.), Handwörterbuch des deutschen Aberglaubens, Berlin/Leipzig 1927–1942

Behringer, Wolfgang, Scheiternde Hexenprozesse. Volksglaube und Hexenverfolgung um 1600 in München, in: Dülmen, Richard van (Hg.), Kultur der einfachen Leute. Bayrisches Volksleben vom 16. bis zum 19. Jahrhundert, München 1983, S. 42–78

Blöcker, Monika, Frauenzauber – Zauberfrauen, in: Zeitschrift für Schweizerische Kirchengeschichte 76 (1982), S. 1–39

Dienst, Heide, Lebensbewältigung durch Magie. Alltägliche Zauberei in Innsbruck gegen Ende des 15. Jahrhunderts, in: Kohler, Alfred/Lutz, Heinz (Hg.), Alltag im 16. Jahrhundert. Studien zu Lebensformen in mitteleuropäischen Städten, Wien 1987, S. 80–116

Dienst, Heide, Magische Vorstellungen und Hexenverfolgungen in den österreichichen Ländern (15. und 18. Jahrhundert), in: Zöllner, Erich (Hg.), Wellen der Verfolgung in der österreichischen Geschichte, Wien 1986, S. 70–95

Dienst, Heide, Zur Rolle von Frauen in magischen Vorstellungen und Praktiken – nach ausgewählten mittelalterlichen Quellen, in: Affeldt, Werner (Hg.), Frauen in Spätantike und Frühmittelalter. Lebensbedingungen-Lebensnormen-Lebensformen, Sigmaringen 1990, S. 173–194

Favret-Saada, Jeanne, Die Wörter, der Zauber, der Tod. Der Hexenglaube im Hainland von Westfrankreich, Frankfurt a. Main 1979

Ginzburg, Carlo, Die Benandanti. Feldkulte und Hexenwesen im 16. und 17. Jahrhundert, Frankfurt a. M. 1980

Ginzburg, Carlo, Hexensabbat. Entzifferung einer nächtlichen Geschichte, Berlin 1990

Gloger, Bruno/Zöllner, Walter, Teufelsglaube und Hexenwahn, Wien/Köln 1984[2]

Labouvie, Eva, Zauberei und Hexenwerk. Ländlicher Hexenglaube in der frühen Neuzeit, Frankfurt a. M. 1991

Labouvie, Eva, Verbotene Künste. Volksmagie und ländlicher Aberglaube in den Dorfgemeinden des Saarraumes (16.–19. Jahrhundert), St. Ingbert 1992

Leibrock-Plehn, Larissa, Hexenkräuter oder Arznei. Die Abtreibungsmittel im 16. und 17. Jahrhundert, Stuttgart 1992

Meili, David, Hexen in Wasterkingen. Magie und Lebensformen in einem Dorf des frühen 18. Jahrhunderts, Basel 1980

Nola, Alfonso di, Der Teufel. Wesen, Wirkung, Geschichte, München 1990

Schöck, Inge, Hexenglaube in der Gegenwart. Empirische Untersuchungen in Südwestdeutschland, Tübingen 1978

Schwerhoff, Gerd, Rationalität im Wahn. Zum gelehrten Diskurs über die Hexen in der frühen Neuzeit, in: Saeculum 37 (1986), S. 45–82

Unverhau, Dagmar, Von Toverschen und Kunstfruwen in Schleswig 1548–1557. Quellen und Interpretationen zur Geschichte des Zauber- und Hexenwesens, Schleswig 1980

Walz, Rainer, Hexenglaube und magische Kommunikation im Dorf der Frühen Neuzeit. Die Verfolgungen in der Grafschaft Lippe, Paderborn 1993

*5. Frauen in der Frühen Neuzeit:*

Davis, Natalie Zemon, Frauen und Gesellschaft am Beginn der Neuzeit, Berlin 1986

Wunder, Heide, „Er ist die Sonn', sie ist der Mond". Frauen in der Frühen Neuzeit, München 1992

# Frauengeschichte – Frauengeschichten

**HERDER** / SPEKTRUM